Carlo M. Martini

Seht die Frau

Carlo M. Martini

Seht die Frau

Lebenswege mit Maria

Herder
Freiburg · Basel · Wien

Titel der Originalausgabe:
La donna nel suo popolo
Il cammino di Maria con gli uomini e
le donne di tutti i tempi

Aus dem Italienischen übersetzt von
P. DR. RADBERT KOHLHAAS OSB

Umschlagbild: *Maria mit dem göttlichen Kind.*
Fresko aus B. Maria Antiqua, Rom,
wophl Ende des 7. Jahrhunderts;
repräsentiert den frühesten Typus des Marienbildes.

Herstellung: Freiburger Graphische Betriebe 1987
ISBN 3-451-20953-5

Inhalt

Vorwort

Der vorliegende Band enthält Exerzitienvorträge, die Kardinal Martini vor 240 Ordensschwestern seines Bistums gehalten hat. Um dem Wunsch der 11000 Schwestern der Mailänder Erzdiözese zu entsprechen, wurde allen die Möglichkeit geboten, am Radio die Vorträge mitzuhören und sich den Exerzitien anzuschließen.

Das Wort des Erzbischofs war auch bei diesem Exerzitienkurs tief und wegweisend. Doch wie immer, kann die Niederschrift nicht die lebendige Herzenswärme des gesprochenen, lebendigen Wortes erreichen. Das soll im voraus nicht unerwähnt bleiben.

Es empfiehlt sich, das Buch im Geist des Gebetes zu lesen, da das Wesen eines Exerzitienkurses ja darin liegt, daß der Exerzitienleiter eine „Aufgabe" stellt, die persönliche geistliche Besinnung und Öffnung auf die Kontemplation hin verlangt.

Zur Verdeutlichung sei gesagt: es handelt sich hier nicht um ein Buch für die Frau schlechthin. Das ist es sicher auch, doch weist es nicht in die Richtung der Bücherflut, die in den letzten Jahrzehnten zum Problem der Frau in der Welt von heute geschrieben worden ist. „Der ‚Planet Frau'" – das sind die Worte des Erzbischofs, denen wir hinzufügen: auch der ‚Planet Mann' – „ist geheimnisvoll und nicht leicht zu ergründen. Gott allein, der gesprochen hat: ‚Laßt uns Menschen machen als unser Abbild, uns ähnlich ...', und sie als Mann und Frau schuf, könnte die geheimnisvolle Tiefe seines Geschöpfes dartun. Gott aber hat in der Bibel gesprochen."

In seinen Meditationen tut der Kardinal nichts anderes – und das könnte den Eindruck erwecken, es sei einfach –, als an Bildern aus dem Evangelium einige Frauengestalten zu betrachten und ihr Licht oder Gegenlicht auf Maria fallen zu lassen. Maria, „deren Fraulichkeit ein Zeichen des im höchsten Grade Anderen ist", da mit ihr „die neue Menschheit beginnt, in der Gott Fleisch geworden ist". Maria, die unter dem Kreuz, wo ihre Mutterschaft universale Dimensionen annimmt, das „Ja" der Verkündigung noch einmal spricht. Maria, die die Geschichte der ganzen Menschheit erleuchtet.

Der Autor sagt, er wolle sich auf Betrachtungspunkte beschränken, um Richtungen für die persönliche Besinnung anzudeuten und die Gedanken zur Wirklichkeit „Frau" weiterzugeben, die die Evangelienperikopen in ihm aufsteigen lassen. Das führt dazu, daß er unversehens zu Aussagen über die Frau kommt, die vielleicht bislang noch nicht gemacht worden sind.

Er macht sie, gerade weil er auf Gott hört, der durch die Bibel zu uns spricht.

Noch ein Hinweis. Das Buch kommt jedermann, ob Mann oder Frau, bei der Suche nach dem Gott der Offenbarung zugute, nicht zuletzt, weil es zu einer kleinen, einfachen und Glaubensschule geworden ist.

Das Schema zu Beginn des Buches stellt den Verlauf der Exerzitien graphisch dar. Wir können es übersetzen und in Worte fassen als Weg, den der Mensch im Evangelium wirklich geht, um Christus im Heiligen Geist zum Lob des Vaters völlig gleichgestaltet zu werden, als Weg, den Maria mit ihrer Gestalt und ihrem Leben erleuchtet.

Es ist nicht leicht, in Betrachtungen das innere Leben und zugleich auch die Alltagspraxis des Christen knapp zu skizzieren. Die Theologie bedient sich dazu gleich verschiedener Disziplinen, die man dann aufeinander abstimmen und in die Praxis übersetzen muß, um der Gefahr eines Auseinanderklaffens von Glauben und Leben zu entgehen. Oft ist es für den gläubigen Menschen ein Problem, den Übergang vom Kinderglauben zum Erwachsenenglauben zu vollziehen, so daß schließlich das Leben unter seinem familiären, gesellschaftlichen, bürgerlichen und politischen Aspekt vom Glauben durchtränkt wird. Wer es sich zur Aufgabe macht, den Glauben als persönliche Begegnung mit Christus zu leben, sieht sich bisweilen sogar beim Erstellen wahrheitsgemäßer Geschichtsbilder aus dem Glauben vor einer großen Schwierigkeit.

Kardinal Martini holt den Glauben auf die ihm eigene und anschauliche Weise in die konkreten Gegebenheiten des Alltags, indem er all unsere Lebenswirklichkeiten auf die eine Wirklichkeit bezieht, von der alles ausgeht und zu der alles zurückkehrt.

Einleitung

Exerzitien für eine so zahlreiche Gruppe von Ordensschwestern, die dazu noch nicht einmal alle der gleichen Gemeinschaft angehören, sondern die verschiedensten Frauenorden im Bistum vertreten, halte ich hier zum ersten Mal. In Ihnen kenne ich die Gestalt und die Berufung der Frau in der heutigen Gesellschaft: eine Millionenschar von Menschen mit recht unterschiedlichen religiösen, menschlichen und gesellschaftlichen Einstellungen.

Sie tragen im Gebet die ganze Menschheit vor Gott; sie nimmt konkret Gestalt an in Maria, der Frau. Mit ihr beginnt nämlich eine neue Menschheit, in der Gott Fleisch geworden ist.

Ein Aufruf

Ich will nicht verschweigen, daß ich Angst vor der großen Verantwortung empfinde und trotzdem diesen Exerzitienkurs aus einem ganz bestimmten Grund übernommen habe.

Er entspringt der Überzeugung, daß der Rollenkonflikt der Frau in der Gesellschaft im Schnittpunkt einer ganzen Reihe anderer gesellschaftlicher, menschlicher und religiöser Fragen unserer Zeit liegt. Daher habe ich mich entschlossen, einen Aufruf zu erlassen: *Laßt uns die Gesellschaft retten!* Das ist ein Aufruf, den wir nach und nach in dem Maß besser begreifen werden, in dem er sich aus den Betrachtungen ergibt, die wir anstellen. Dabei geht es um Sie, um Ihre Seinsweise und die Wahl Ihres Berufes im vollen Sinne des Wortes, Ihres Berufes, der allerdings Zeichen einer Lebensweise und einer Glaubenssuche ist, die für die ganze Gesellschaft gelten müssen.

Wenn ich meinen Aufruf an Sie richte, so geschieht das in der Überzeugung, daß gottgeweihte Frauen ein kostbares Unterpfand für das Gelingen der Sendung der Frau in der Welt sind.

Für die Ordensschwestern sind also diese Exerzitien ein Geschenk der Vorsehung: sie sollen Ihnen helfen, Ihre Rolle wesenhaft aufzufassen und zu leben und, vor allem, ernste Verantwortung für die Frauen unserer Zeit zu übernehmen. Es geht hier natürlich nicht darum, bestimmte Kenntnisse oder Fachwissen zu erwerben und sich aufzublähen wie der Frosch in der Fabel, um wer weiß welchen Aufgaben gewachsen zu sein. Es geht vielmehr darum, die tiefe Bedeutung Ihres Berufes als Frau und als Gottgeweihte ganz klar zu erfassen; denn gerade durch ihn sind Sie Zeichen, das Klarheit in die derzeitige Aufgabe der Frau in der Gesellschaft bringt. Das ist der Punkt, den man nicht so leicht einsieht; allzu oft meinen wir nämlich, die Lösung der verschiedenen Probleme müsse von neuen himmlischen Heerscharen oder von einer Beschwörung nach geheimnisvollem Ritus kommen. Eigentlich ist uns all das schon gegeben, und diese Gabe wird zur Erfahrung in dem Heil, das sich in einem wahren und glaubwürdig gelebten Dasein als solches erweist. Nur so kann Ihre Berufung die andern erleuchten und ihnen zeigen, worauf es ankommt.

Der Einsatz ist also recht hoch: er ist die Antwort

auf eine Berufung. Aber wenn wir uns unserer Armut und Schwäche und unserer Ausflüchte angesichts der Berufung bewußt werden, ist das schon eine Form glaubwürdig gelebten Daseins.

Ich möchte bei Ihnen nicht den Eindruck erwekken, mir gehe es bei diesem Exerzitienkurs um Begriffsspiele oder Gnostizismus, d. h., daß Sie hören und zur Kenntnis nehmen sollten, was ich sage, und es dann im Wortlaut wiedergäben. Das ist nicht meine Absicht, zumal ich weiß, daß ich im Alleingang nicht in der Lage bin, den, wie man ihn genannt hat, „Planeten Frau" zu erforschen.

Ich werde Ihnen Hinweise und Anregungen geben und Einsichten vermitteln, und Sie müssen dann beim Gotteswort, im Gebet und in der Betrachtung aushalten, damit Sie Zugang zu diesem geheimnisvollen Planeten finden und auf ihm zu Forscherinnen und Führerinnen werden können.

Die erste große Forscherin und Führerin im geheimnisvollen Reich der Frau ist natürlich Maria: sie lehrt uns, daß es darauf ankommt, zu sein und zu leben, nicht zu reden und Wörter zu plappern. Hier liegt Ihre erste und wichtigste Aufgabe: ganz Sie selbst zu sein und so den Vorrang des Seins vor dem Tun, des Gotteswortes vor den Wörtern zu unterstreichen.

Der Titel der Exerzitien

Ich möchte in diesen Tagen nur eine einzige Szene aus dem Evangelium betrachten: *Maria unter dem Kreuz.* Auf dem Hintergrund dieses Bildes werden wir eine Reihe von Szenen aus dem Evangelium meditieren, die es uns ermöglichen sollen, im Licht oder im Gegenlicht einigermaßen zu erfassen, was diese eine große Szene ausstrahlt.

Die Exerzitien sollen unter der Überschrift „Die Frau in ihrem Volk" stehen. Die Frau ist vor allem Maria als Symbol einer jeden Frau, die sich selbst nicht allein, sondern in ihrem Volk ganz und gar verwirklichen will. Wir können ihnen den Untertitel „Maria im Zug der Männer und Frauen aller Zeiten" geben und so Maria betrachten in dem Wunsch, zu sehen, wie sie ihren Weg gegangen ist, und wie wir mit ihr gehen wollen.

Am 15. August, dem Hochfest der Aufnahme Mariä in den Himmel, war ich bei den Gefangenen im Zuchthaus von San Vittore in Mailand. Ein Besuch in der Frauenabteilung stand nicht auf dem Programm. Eine der Schwestern hat mir daher ein Heft überreicht, das die weiblichen Strafgefangenen für mich zusammengestellt haben: es enthält Auszüge aus Briefen, Zeichnungen und Fotos und beginnt mit diesem Satz: „Im Jahreskreis gibt es Gedenk- und Festtage, die, wenn man sie hinter Schloß und Riegel, fern von seinen Lieben und seinen Kindern begeht, noch trauriger werden als der Alltag, die aber auch viel nachdenklicher stimmen, emotionsgeladener und von stärkerem Verlangen erfüllt sind, mit den Menschen draußen ins Gespräch zu kommen, um immer mehr menschliche Türen durch die Mauern zu brechen, die uns Zugang zur Gesellschaft, zur Familie, zu unseren Kindern und zur Hoffnung geben. So läßt uns dieses Fest Mariä, der Mutter Christi, darüber nachdenken, daß wir Frauen und auch Mütter sind."

Ich finde es sehr schön, daß wir beim Gedanken an Maria auch darüber nachdenken, wer wir sind, daß Sie daran denken, daß Sie als getaufte und gottgeweihte Frauen durchs Leben gehen, als Frauen, die eine auf die ganze Menschheit ausgerichtete Berufung leben.

Immer wieder müssen wir erkennen, wie begrenzt wir in unserem Vermögen sind, und es ist schon viel, wenn uns bei dem Versuch, es besser zu machen, der jeweilige Tag glückt. Doch Gott hat Maria das Geheimnis der Welt ins Herz gelegt, und wenn wir uns in das Herz Mariä begeben, begeben wir uns in das Geheimnis der Welt, machen wir uns seine Ausmaße zu eigen, teilen wir das Leid aller Frauen auf Erden, mögen wir noch so voller Angst, voller Gebrechlichkeit, voller Schwäche und voller Fehler sein.

Papst Johannes Paul II. schreibt in der Adhortatio Apostolica „Redemptionis donum" vom 25. März 1984 an die Ordensleute: „Wenn die ganze Kirche in Maria ihr erstes Vorbild besitzt, dann ist es um so mehr Euer Vorbild, Ihr Gott geweihten Menschen und Gemeinschaften im Schoß der Kirche! ... An Euch wenden wir uns mit dieser Botschaft, um Euch aufzufordern, Eure Weihe an Gott im Ordensstand mit neuem Leben zu erfüllen nach dem Vorbild der Weihe der Gottesmutter selbst ... Haltet beharrlich dem die Treue, der getreu ist, und bemüht Euch, in Maria eine Stütze ganz eigener Art zu suchen! Sie ist ja von Gott zur vollkommensten Gemeinschaft mit ihrem Sohn berufen worden. Möge sie, die getreue Jungfrau, auch Euch als Mutter zur Seite sein in Eurem Leben nach dem Evangelium: sie möge Euch helfen, daß Ihr im Herzen spürt und der Welt zeigt, wie unendlich getreu Gott selbst ist!" (Nr. 17 der Adhortatio; AAS LXXVI/6).

Bitten wir also Maria, uns das Herz zu öffnen für die ungeheure Größe unserer Berufung und für den

Rang, den das Ordensleben im kosmischen, universalen und menschlichen Sinne einnimmt, uns das Herz zu öffnen, damit es das Rufen der ganzen Menschheit vernehmen kann.

Praktische Ratschläge

Der Entschluß, die Zahl meiner Vorträge in diesen Tagen zu beschränken, soll einen gewissen Freiraum für die Betrachtung schaffen. Es ist also in den vortragsfreien Zeiten mehr persönliches Mittun verlangt, und es ist wichtig, dafür einen Plan aufzustellen. Ich schlage drei Schwerpunkte vor: inneres Gebet, Wortgebet und geistliche Lesung.

Es ist wichtig, daß Sie den Plan, den Sie aufstellen, nicht ändern, es sei denn aus einem triftigen und vernünftigen Grund.

– Gegenstand des inneren Gebetes sollte der Vortragsstoff sein: dazu muß man ihn in einer eigenen Betrachtung, die uns mit dem Herrn unmittelbar verbinden soll, wieder aufgreifen. Eigentliche Frucht der Exerzitien ist ja die Begegnung mit der Gnade des Heiligen Geistes, die in der Betrachtung der Geheimnisse Jesu ihren Quellgrund hat.

– Für das Wortgebet können Sie außer den Meßtexten das Brevier, zumal die Rezitation von Laudes und Vesper, und dann auch den Kreuzweg und den Rosenkranz nehmen.

– Zur geistlichen Lesung empfehle ich: die beiden ersten Kapitel des Lukas-Evangeliums und Kapitel 19 und 20 des Johannes-Evangeliums. Sie decken sich in etwa, und das marianische Thema ist das einigende Band, das sie zusammenhält. Ich empfehle Ihnen auch „Redemptionis donum", die Enzyklika „Marialis cultus" Pauls VI. und Kapitel 8 der Konzilskonstitution „Lumen Gentium" als Lesestoff. Nützlich sein können auch die Biographien und Selbstbiographien der Heiligen und, natürlich, die Beschäftigung mit den Regeln und Konstitutionen Ihrer Gemeinschaften.

Nicht daß man viel liest, ist wichtig, sondern daß man einen festen Plan einhält; denn das Einsiedlerleben, das Sie in diesen Tagen führen, ist schwierig und verlangt innere und strenge Disziplin.

Beschließen wir die Einleitung mit der Lesung der Evangelienperikope, die, wie schon gesagt, für all unsere Betrachtungen der eigentliche Bezugspunkt bleibt:

„Bei dem Kreuz Jesu standen seine Mutter und die Schwester seiner Mutter, Maria, die Frau des Klopas, und Maria von Magdala. Als Jesus seine Mutter sah und bei ihr den Jünger, den er liebte, sagte er zu seiner Mutter: Frau, siehe, dein Sohn! Dann sagte er zu dem Jünger: Siehe, deine Mutter! Und von jener Stunde an nahm sie der Jünger zu sich" (Joh 19,25 ff).

„Herr Jesus, wir wollen gemeinsam mit deiner Mutter bei deinem Kreuz stehen. Gib uns die Gnade der Beschauung, damit wir diese Tage in der Betrachtung der Bedeutung dieses Ereignisses und aller darin beschlossenen Ereignisse verbringen können.

Maria, Mutter Jesu, du hast die Weite deiner universalen Berufung verstanden. Laß uns auf deine Fürsprache hin die Weite, die gewaltige Größe und die Unermeßlichkeit der Berufung eines jeden von uns erkennen.

Darum bitten wir dich, Vater, durch deinen Sohn am Kreuz vereint mit Maria. Amen."

SCHEMA DER EXERZITIEN

(vgl. dazu auch Seite 116)

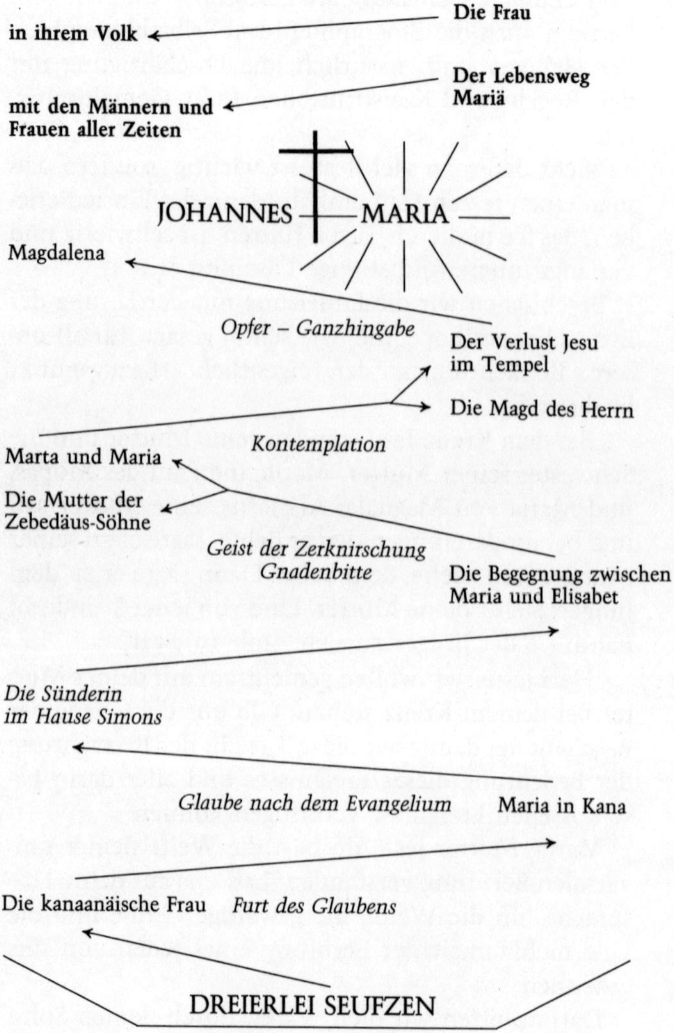

Dreierlei Seufzen

Die kanaanäische Frau (Mt 15,21–28)

Zu Beginn unserer Betrachtung wollen wir zu erklären versuchen, was mit der „Erkenntnis der Weite der Berufung" gemeint ist. Der heilige Paulus kommt uns da mit einem Abschnitt aus dem Römerbrief zu Hilfe:

„Ich bin überzeugt, daß das Leiden der gegenwärtigen Zeit nichts bedeutet im Vergleich zu der Herrlichkeit, die an uns offenbar werden soll. Denn die ganze Schöpfung wartet sehnsüchtig auf das Offenbarwerden der Söhne Gottes. Die Schöpfung ist der Vergänglichkeit unterworfen, nicht aus eigenem Willen, sondern durch den, der sie unterworfen hat; aber zugleich gab er ihr Hoffnung: Auch die Schöpfung soll von der Sklaverei und Verlorenheit befreit werden zur Freiheit und Herrlichkeit der Kinder Gottes. Denn wir wissen daß die gesamte Schöpfung bis zum heutigen Tag seufzt und in Geburtswehen liegt. Aber auch wir, obwohl wir als Erstlingsgabe den Geist haben, seufzen in unserem Herzen und warten darauf, daß wir mit der Erlösung unseres Leibes als Söhne offenbar werden. Denn wir sind gerettet, doch in der Hoffnung.

Hoffnung aber, die man schon erfüllt sieht, ist keine Hoffnung. Wie kann man auf etwas hoffen, das man sieht? Hoffen wir aber auf das, was wir nicht sehen, dann harren wir aus in Geduld.

So nimmt sich auch der Geist unserer Schwachheit an. Denn wir wissen nicht, worum wir in rechter

Weise beten sollen; der Geist selber tritt jedoch für uns ein mit Seufzen, das wir nicht in Worte fassen können. Und Gott, der die Herzen erforscht, weiß, was die Absicht des Geistes ist: Er tritt so, wie Gott es will, für die Heiligen ein" (Röm 8, 18–27).

In diesem wunderschönen Text entwickelt der Apostel, was wir als „die Lehre vom dreifachen Seufzen" bezeichnen können. Was ist Seufzen? Es ist ein unterdrückter Aufschrei, etwas, das seinen Grund in einem Schmerz ganz bestimmter Art hat. Im Innern möchte man eigentlich schreien, aber die Luft wird sozusagen abgeschnitten, und es ringt sich nur ein Teil des Schreies hervor.

So kann man das Seufzen beschreiben: als Schrei, der seiner Ursache nach heftig, seiner Ausführung nach aber leise ist.

In der Heiligen Schrift ist vom Seufzen die Rede. Besonders an zwei Stellen ist es von Bedeutung. An der ersten ist es das Seufzen Jesu, von dem der Evangelist berichtet: „Da brachte man einen Taubstummen zu Jesus und bat ihn, er möge ihn berühren. Er nahm ihn beiseite, von der Menge weg, legte ihm die Finger in die Ohren und berührte dann die Zunge des Mannes mit Speichel; danach blickte er zum Himmel auf, seufzte und sagte zu dem Taubstummen: Effeta!, das heißt: Öffne dich!" (Mk 7, 32 ff).

Schon im Griechischen lautet das Verb *„er seufzte"*. Jesus macht also bei dieser Wunderheilung einen Augenblick durch, der ihm geistlich sehr zusetzt.

Eine andere aufschlußreiche Stelle findet sich in der Apostelgeschichte (7, 34), wo sie unmittelbar auf die Worte des Buches Exodus zurückgreift: „Ich habe das Elend meines Volkes in Ägypten gesehen und seine *Klage* gehört. Ich bin herabgestiegen, um sie zu retten." Übersetzt lautet der Satz im Buch Exodus gewöhnlich: „... Ich habe das Elend meines Volkes in Ägypten gesehen, und ihre laute Klage ... habe ich gehört" (Ex 3,7). Im griechischen Text, den der Autor der Apostelgeschichte benutzt hat, steht dagegen der Ausdruck „Seufzen".

Seufzen, weil es ein Lechzen nach Freiheit ist, das sich allerdings unter den gegebenen Umständen der Knechtschaft, in der das Volk lebt, nicht äußern kann. So gibt sich der Sturm der Gefühle nach außen hin zurückhaltend und diskret.

Was ist also mit dem Seufzen gemeint, von dem Paulus im Römerbrief spricht?

Das Seufzen der Schöpfung

Das erste ist das Seufzen der ganzen Schöpfung:

„Denn die ganze Schöpfung wartet sehnsüchtig auf das Offenbarwerden der Söhne Gottes ... und bis zum heutigen Tag seufzt sie und liegt in Geburtswehen" (vgl. Röm 8,19–22).

Das ist ein großartiges Bild zur Beschreibung der Dynamik der Menschheitsgeschichte: sie ist ganz Seufzen, wie in unermeßlichen Geburtswehen.

Wörtlich heißt es im griechischen Text „sie seufzt mit – συστενάζει": die ganze Welt ist im Seufzen vereint, überkommen von starken Wehen. Die Menschheit, die Geschichte, die Schöpfung sehnen sich mit unendlichem Verlangen nach etwas anderem und lechzen mit Macht danach. Dieser Schrei nach Freiheit im Herzen der Welt kann sich allerdings nicht deutlich artikulieren und wird trotz der Tiefe, der er sich entringt, nur zum Seufzen.

Beachten wir, wie schön das zum Ausdruck gebracht wird: „... die gesamte Schöpfung seufzt bis zum heutigen Tag und liegt in Geburtswehen". Befindet sie sich doch in einem Augenblick, in dem durch Schmerz und Leid hindurch das Leben zutage treten will. Wir alle wissen, wie gut sich die Geburtswehen, die ein neues Leben einleiten, als Bild zum Verständnis auch der innersten Not eines Menschen eignen, indem sie ihr einen Sinn geben.

Die Menschheit von heute ähnelt dem Volk Israel zur Zeit seiner Versklavung an den Pharao von Ägypten. Wir sind Sklaven der Sinnlosigkeit, des inhaltslosen Lebens und der Dummheit. Sklaven sind die Menschen, die sich fragen, wozu das Leben noch taugt, ob es überhaupt noch Sinn hat, sich zu plagen und abzumühen. Sklaven sind die Menschen, die sorglos ohne Ziel dahinleben oder aus der Sorglosigkeit unversehens in Trostlosigkeit, Zorn und Frustration verfallen.

Das Seufzen drückt das Bedürfnis nach Sinn, den Willen zur tiefen Sinnhaftigkeit der Verhältnisse aus. Die Menschheit seufzt also, weil sie um jeden Preis nach der Befreiung vom inhaltslosen Leben und aus der Versklavung an die Götzen – Rauschgift, Raub, Gewalt aller Art, Hunger, Abtreibung, Ausbeutung – verlangt.

Und der Christ ist als solcher aufgerufen, das Seufzen der Schöpfung zu vernehmen und ihm Gehör zu schenken, zumal es sich häufig nicht mit lautem Geschrei bemerkbar macht und man es daher so erhaschen muß, wie etwa eine Krankenschwester nachts merkt, daß der Patient stöhnt, der zum Rufen keine Kraft mehr hat.

Unser Seufzen

„Aber auch wir, obwohl wir als Erstlingsgabe den Geist haben, seufzen in unserem Herzen und warten darauf, daß wir mit der Erlösung unseres Leibes als Söhne offenbar werden" (Röm 8,23).

Wenn wir auch die Erstlingsgabe des Geistes haben, ja sogar gerade weil wir schon einen kleinen Vorgeschmack davon bekommen haben, was es heißt, von der Sinnlosigkeit, von der Frustration und von der Nichtigkeit erlöst zu werden, seufzen wir als Christen auch selbst in dem Wissen, daß das Heil noch unvollständig ist. Unser Seufzen besteht in unserem tiefsten und echten Verlangen, das sich nach der Befreiung ausstreckt, das, so sagt der Apostel, auf die *Annahme an Kindes Statt* gerichtet ist, damit wir ganz werden, was wir sind. Wir sind Kinder Gottes, und doch leben wir oft in Unwissenheit, in Pflichtvergessenheit, Trägheit und Mittelmäßigkeit dahin: wir sind in unsere Gebrechlichkeit und Undurchsichtigkeit verstrickt. Wir möchten, daß unsere Kindschaft offenbar wird und wir Gott wirklich als Vater anreden können, als ein Du, und uns liebt und uns rettet.

Und daß, so führt der heilige Paulus weiter aus, *„die Erlösung unseres Leibes"* offenbar wird. Wir sehnen uns nach der Befreiung von der Last des Fleisches, um unsere Leiblichkeit als Geschenk zu erleben. Das ist ein weiter, schwieriger Weg, der Geduld verlangt. Mich hat immer ein Wort der heiligen Theresia vom Kinde Jesus getroffen; sie sagt in den letzten Tagen ihres Todesleidens: „Mein Leib war mir immer lästig, ich fühle mich in ihm nicht wohl ... Kindchen, Kindchen, ich habe mich seiner geschämt" (Novissima Verba, 30. Juli). Das sind Worte, die zeigen, wie dieses innerlich zur vollkommenen Hingabe gelangte junge Mädchen spürte, daß es seine Leiblichkeit noch nicht in jeder Hinsicht in sich integriert hatte.

Hier geht es um eine Integration, die ein Höchstmaß an geistlicher Reife verlangt und gewöhnlich nur im Laufe eines langen Lebens zustande kommt.

Johannes Paul II. hat über die Leiblichkeit als Symbol und als bräutliches Zeichen großartige Worte gesagt: doch wer ist in der Lage, das auch wirklich zu leben? Und so kommt es denn zum Seufzen unter der Last des Fleisches, die sich als Mühsal, Versuchung, Sinnlichkeit, Stumpfsinn und im Unvermögen äußert, wahrhaft für die andern dazusein und sich selbst zu vergessen.

Dieses Seufzen, das sich in uns regt, ist wichtig; es zeigt nämlich an, daß der Geist in uns ist, in uns wohnt und uns nach dem streben läßt, was wir noch nicht haben, was aber unserem Weg seinen Sinn verleiht.

Das Seufzen des Geistes

„So nimmt sich auch der Geist unserer Schwachheit an ... und tritt für uns ein mit Seufzen, das wir nicht in Worte fassen können" (Röm 8,26).

Unser Seufzen läßt sich irgendwie in Worte fassen, und wir haben versucht, etwas über seinen Inhalt zu sagen. Es ist uns aber unmöglich, das Seufzen des Geistes einsichtig zu machen, der in uns ruft und uns zum rechten Gebet anleitet. Wenn es uns aber gelingt, diese Stimme des Geistes zu vernehmen, läutert und mäßigt sich auch unser Seufzen.

Wir müßten in diesen Tagen unserer Exerzitien dahin gelangen, in der Schule des Gebetes das Seufzen der Schöpfung und das Seufzen unseres Volkes im Einklang mit dem Seufzen des Geistes zu vernehmen, das sich nicht in Worte fassen läßt. Es ist der Gipfel und die tiefste Tiefe, aber im Grund läuft es, wie Paulus uns zu verstehen gibt, auf das Wort „Vater!" hinaus, das wir gerade kraft des Geistes in einem zunehmendem Maß von Wahrhaftigkeit, Frieden, Hingabe, Liebe und Zuversicht zu sagen lernen.

Den Blick für die Weite unserer Berufung zu erlangen oder wiederzufinden heißt, auf dieses große, dreifache Seufzen zu lauschen, es in uns zu entdecken und ihm Raum zu geben. Unsere Berufung ist so weit wie dieses Seufzen und nicht nur wie unser kleiner, beschränkter, privater Seufzer.

„Die Frau in ihrem Volk" ist jede Frau, die zusammen mit Maria ein Ohr für das Seufzen der ganzen Menschheit hat und es in ihrem Herzen in Worte fassen und mit dem des Geistes in Einklang bringen kann.

Die kanaanäische Frau

Das erste Bild aus dem Evangelium, bei dem wir verweilen wollen, ist das der kanaanäischen Frau, bringt es doch die Fähigkeit, diesem Seufzen Gehör zu schenken, beispielhaft zum Ausdruck. Es ist eine wunderbare Begebenheit, die wir als Vergleichsmaßstab an unser Leben und unsere Einstellung anlegen können:

„Von dort zog sich Jesus in das Gebiet von Tyrus und Sidon zurück. Da kam eine kanaanäische Frau aus jener Gegend zu ihm und rief: Hab Erbarmen mit mir, Herr, du Sohn Davids! Meine Tochter wird von einem Dämon gequält. Jesus aber gab ihr keine Antwort. Da traten seine Jünger zu ihm und baten: Befrei sie (von ihrer Sorge), denn sie schreit hinter uns her. Er antwortete: Ich bin nur zu den verlorenen Schafen des Hauses Israel gesandt. Doch die Frau kam, fiel vor ihm nieder und sagte: Herr, hilf mir! Er erwiderte: Es ist nicht recht, das Brot den Kindern wegzunehmen und den Hunden vorzuwerfen. Da entgegnete sie: Ja, du hast recht, Herr! Aber selbst die Hunde bekommen von den Brotresten, die vom Tisch ihrer Herren fallen. Darauf antwortete ihr Jesus: Frau, dein Glaube ist groß. Was du willst, soll geschehen. Und von dieser Stunde an war ihre Tochter geheilt" (Mt 15,21–28).

Ich schlage drei Punkte zur Betrachtung vor:
a) *Das Volk.* Die Angaben zu Beginn des Abschnittes beziehen sich auf das Volk, dem die Frau entstammt. Die Kanaanäer sind die Erbfeinde des auserwählten Volkes, das sie wegen ihres grausamen und scheußlichen Götzendienstes vertrieben hatte. Sie bildeten also den Rest des einstigen und verkommenen Heidentums.

Außerdem heißt es, die Frau sei aus „jener Gegend" gekommen, nämlich aus dem Gebiet von Tyrus und Sidon. Tyrus und Sidon lassen darüber hinaus noch an vor Stolz aufgeblasene Städte denken. Die Bezeichnung „kanaanäisch" konnte Hinweis auf das primitive, unter der Landbevölkerung verbreitete Heidentum sein. Tyrus und Sidon wecken dagegen eher die Vorstellung von Arroganz und von Städten, die sich ihrer Macht brüsten, von Großstädten ohne Gott.

Die Frau ist also von sehr dunkler Herkunft: sie kommt aus einer Menschheit, die tief in Sinnlosigkeit und Nichtigkeit steckt und den Götzen versklavt ist. Wir können sagen, sie kommt aus unserem Volk; denn wir alle gehören zur Menschheitsfamilie, die die Richtung verloren hat und auf der Suche nach Sinn ist, die wahre und bleibende Werte braucht.

b) *Die Tochter.* Hinter dieser Frau taucht die Tochter auf: „Meine Tochter wird von einem Dämon gequält."

Merkwürdigerweise sagt sie: „meine Tochter", und nicht: „unsere Tochter". Wahrscheinlich steht die Mutter allein, ist Witwe, oder der Vater hat sie im Stich gelassen eben dieser Tochter wegen, die einem das Leben unmöglich macht. Jedenfalls haben wir eine verlassene Frau vor uns.

Was heißt: „von einem Dämon gequält"? Wir wissen nichts Näheres über die Krankheit, aber sicher handelt es sich um starke psychische Depressionen. Der Dämon ist ein bösartiges Wesen, das entmutigen will: das Mädchen wirft sich zu Boden, weint ohne Unterlaß, will mit niemand sprechen, hat immer nur Pech usw. Sie ist ein Mensch, der zur unerträglichen Last wird, dem niemand helfen kann. Jeder von uns kennt solche Fälle: Menschen, die immer nur jammern, die nie gut geschlafen haben, schlechtes Essen bekommen und mit einem Unwohlsein nach dem andern zum Arzt laufen.

Vielleicht liegt noch mehr in dem Ausdruck: „von einem Dämon gequält", und es wäre dann das, was wir, z.B., in der Begebenheit mit dem mondsüchtigen Jungen (Mt 17,14–23) lesen: der Drang, sich und andern Leid zuzufügen. Überdies ist die Situation, die die Frau schildert,nicht alltäglich, da sie sich – im griechischen Urtext – des Adverbs „schlimm" bedient. Ich muß dabei an Familien aus meinem Bekanntenkreis denken, in denen Mütter buchstäblich Gefangene eines Sohnes oder einer Tochter sind, von denen sie sogar geprügelt werden, und es dennoch immer entschuldigen und zu verbergen und zu vertuschen suchen und manchmal geradezu darauf versessen sind, diese kranken Kinder zu verwöhnen.

So etwa können wir uns auch das Verhältnis dieser Frau zu ihrer Tochter vorstellen.

c) *Die Frau.* Als Mutter- und Frauengestalt müssen wir die Kanaanäerin wohl mit drei Eigenschaften beschreiben: sie ist eine Frau, die sich mit ihrer Tochter identifiziert, unerschütterlich und ihrer Sache gewiß ist.

– *Sie identifiziert sich mit ihrer Tochter:* sie könnte einen Trennungsstrich zwischen ihrem Leben und dem ihrer Tochter ziehen, identifiziert sich aber statt dessen so sehr mit ihr, daß der Evangelist bei seiner Wortwahl sehr behutsam vorgeht: „Hab Erbarmen mit mir, Herr, meine Tochter wird gequält ..." Sie ruft um Erbarmen für sich, aber in Wirklichkeit erbittet sie es für ihre Tochter. Und als sie sich nicht abschütteln läßt, ruft sie aus: „Herr, hilf mir!" Sie sagt nicht: hilf meiner Tochter! Sie erlebt sich in ihrer Lage als vollständig eins mit ihrer Tochter.

Jesus antwortet: „Groß ist dein Glaube: dir geschehe, wie du es verlangst" (Urtext). Er spricht nicht von Heilung; denn die Frau hat sich so sehr mit dem Stöhnen ihrer Tochter identifiziert, daß die Erhörung ihrer Bitte auch die Heilung ihrer Tochter ist.

– *Unerschütterlich.* Sie verübelt absolut nichts und geht so in der Zuwendung für ihre Tochter auf, daß nichts sie entmutigt. Wir könnten meinen, sie hätte, als sie mit ihrer Kunst am Ende war, auf das Schweigen Jesu hin sagen müssen: Jetzt reicht es mir, nicht einmal er hat mich angehört, es ist besser, wir machen Schluß. Statt dessen besteht sie mit außergewöhnlicher Geistesstärke auf ihrer Bitte und bleibt auch mit bewundernswerter Zähigkeit, Demut und Geduld dabei, als Jesus ihr eine schroffe Antwort erteilt.

Sie hat sich ihrer Sache mit Liebe verschrieben – hierin ist sie wirklich ganz Frau! – und gibt um keinen Preis auf.

– *Sie ist von Jesus überzeugt,* ist sich seiner sicher. Sie ist eine Frau, die „die Furt des Glaubens" durchschritten hat. D. h., sie macht ihren Glauben nicht mehr von flüchtigen Hulderweisen abhängig – daß etwa Jesus ihr freundlich antwortet, ihr entgegengeht, ihr Aufmerksamkeit erweist: sie ist so von Jesus überzeugt, daß sie fest bleibt, und ist daher, wie wir sehen werden, ein Bild Mariä auf der Hochzeit zu Kana.

Hier fragen wir uns sogleich: Wie kann diese kanaanäische Frau, die aus einem fast unbekannten Kulturkreis stammt und im Schatten von Tyrus und Sidon wohnt, Städten, die sich immer dem Himmel versagt hatten, nur solch einen Glauben haben? Sie erreicht ja zweifellos die höchsten Höhen des Evangeliums.

Durch ihre Identifikation mit dem Leid ihrer Tochter ist die Kanaanäerin demütig und arm geworden und hat in ihrem Herzen die dunklen Regionen des Mißtrauens und die Nebel der Arroganz und des Stolzes schon hinter sich gelassen. Sie ist eine Frau, die das Alltagsleben gerettet hat, die das tagtägliche Leid mürbe gemacht und zu der vollendeten Zuversicht geführt hat, die den „Kleinen" eigen ist. Für sie ist das Evangelium selbstverständlich.

Und schließlich fragen wir uns:

„Wer ist diese Tochter?" In der Tochter können wir uns selbst ein wenig wiedererkennen: unsere Launen-

haftigkeit, unseren Mißmut, unsere Reizbarkeit, unsere Unzufriedenheit, unsere Gleichgültigkeit, die manchmal dem Qualm und der Finsternis des Satans den Vorrang überläßt. Wir sind diese Tochter mit allem, was wir an übler Nachrede, Mißtrauen, Streitereien und mürrischem Wesen in uns tragen.

Auch die Menschheit von heute gleicht dieser Tochter: die Menschen in ihrer Unzufriedenheit mit sich selbst, in ihrem Seufzen, das nicht immer der Hoffnung entstammt, sondern der Wut, der Verzweiflung und der Skepsis.

Wer ist diese Mutter? Wir können uns auf die Haltungen hin prüfen, denen wir unsere Betrachtung gewidmet haben. Jeder mag sich fragen:

– *wie identifiziere ich mich* mit den schwierigen Verhältnissen, die meiner Sorge anvertraut sind?

Ich sollte mich im Geist der Hingabe mit ihnen identifizieren, mich aber nicht zum Herrn der Verhältnisse aufschwingen und sie wie persönlichen Besitz verwalten.

Es geht hier nicht darum, daß Sie sich selbst verwirklichen, weder als Frau, noch als Ordensschwester, sondern darum, kraft des Gottgeweihtseins den Menschen zu dienen, die Ihnen anvertraut werden, vor allem in Situationen, die menschlich schwierig und schmerzlich sind.

– *Bin ich nicht aus der Fassung zu bringen?* Nie aufgebracht, immer entschlossen, um jeden Preis zu dienen, die positive Lösung zu finden, die Abhilfe bringt, weiche ich nie zurück und lasse die Hände sinken, lasse ich mich nie von Gereiztheit oder Zorn pakken?

– *Bin ich von Jesus überzeugt?* Habe ich die „Furt des Glaubens" durchschritten, oder frage ich mich immer noch, ob der Herr mich liebt, ob er mir hilft, ob er mir nahe ist, ob er mich nicht vergessen hat? Erfüllen über die Tröstungen des Augenblicks, auch die des Gebetes, hinaus die tiefe, innerste Überzeugung von Jesus und das Seufzen des Geistes, der unverzüglich „Vater!" sagt, mein Leben?

Das sind Fragen, die die Kanaanäerin uns nahelegt, damit wir wirklich dieser Menschheit Mütter werden und unser gottgeweihtes Leben als Mutterschaft für die Welt und die Menschen leben und so an der Mutterschaft Mariä teilhaben können.

Maria hört auf das Seufzen der Welt

Die Hochzeit zu Kana (Joh 2, 1–12)

„O Maria, dich betrachten wir beim Kreuze Jesu, aufgegangen in seinen Qualen wie die Kanaanäerin aufgegangen ist im Leid, das auf ihrer Tochter lastet! Wir sehen dich unverzagt, unerschütterlich wie die Kanaanäerin, so daß du dich in diesem Augenblick aussenden lassen kannst mit einem all-umfassenden Auftrag, der dich von deinem eigenen Schmerz zur Teilnahme am Leid der ganzen Welt und auch an unserem Leid führt. Lehre uns, Maria, uns mit deinem Sohn zu identifizieren, mit seinem Leiden und mit dem Leid der Welt; lehre uns, so unverzagt zu sein wie du durch die Gnade des Heiligen Geistes, die wir vom Vater für uns erflehen im Namen Jesu. Amen."

Die Hochzeit zu Kana

Das nächste Bild, das das Evangelium unserer Betrachtung nahelegt, ist die Hochzeit zu Kana. Die Begebenheit zeigt Maria, die auf das Seufzen der Welt hört und sich so das Verhalten der kanaanäischen Frau noch inniger zu eigen macht.

„Am dritten Tag fand in Kana in Galiläa eine Hochzeit statt, und die Mutter Jesu war dabei. Auch Jesus und seine Jünger waren zur Hochzeit eingeladen. Als der Wein ausging, sagte die Mutter Jesu zu ihm: Sie haben keinen Wein mehr. Jesus erwiderte ihr: Was willst du von mir, Frau? Meine Stunde ist noch nicht gekommen. Seine Mutter sagte zu den Dienern: Was er euch sagt, das tut! Es standen dort sechs steinerne Wasserkrüge, wie es der Reinigungsvorschrift der Juden entsprach; jeder faßte ungefähr hundert Liter. Jesus sagte zu den Dienern: Füllt die Krüge mit Wasser! Und sie füllten sie bis zum Rand. Er sagte zu ihnen: Schöpft jetzt, und bringt es dem, der für das Festmahl verantwortlich ist. Sie brachten es ihm. Er kostete das Wasser, das zu Wein geworden war. Er wußte nicht, woher der Wein kam; die Diener aber, die das Wasser geschöpft hatten, wußten es. Da ließ er den Bräutigam rufen und sagte zu ihm: Jeder setzt zuerst den guten Wein vor und erst, wenn die Gäste zuviel getrunken haben, den weniger guten. Du jedoch hast den guten Wein bis jetzt zurückgehalten. So tat Jesus sein erstes Zeichen, in Kana in Galiläa, und offenbarte seine Herrlichkeit, und seine Jünger glaubten an ihn. Danach zog er mit seiner Mutter, seinen Brüdern und seinen Jüngern nach Kafarnaum hinab. Dort blieben sie einige Zeit" (Joh 2, 1–12).

Dieser Textabschnitt ist von tiefer Symbolhaftigkeit; man braucht nur zu bedenken, wie er beginnt:

„Am dritten Tag", mit Worten also, die im Neuen Testament eine tiefe Bedeutung mitschwingen lassen. Ist der dritte Tag doch der Tag der Auferstehung, der Tag der vollen Offenbarung der Herrlichkeit. Im vorliegenden Fall ist er auch der dritte Tag einer großen Woche, der Woche der ersten Offenbarung Jesu.

„Es fand eine Hochzeit statt". Eine Tatsache, die so hervorgehoben wird, muß uns zum Nachdenken bringen. Ein großer geistlicher Dichter unserer Zeit, der seine Lieder der Muttergottes singt, schreibt: „Der Hinweis ist angebracht, daß das ganze Evangelium

eine Einladung zur Hochzeit ist: Mit dem Himmelreich ist es wie mit einem König, der die Hochzeit seines Sohnes vorbereitete (Mt 22,2). Schon die Menschwerdung wird von der Kirche als Hochzeitsmahl Gottes mit der ganzen Natur gefeiert. Und für Israel galt, daß man sogar die Beziehungen des Volkes zu Jahwe als den erhabensten Ehebund besang, der jede andere menschliche Liebe einschließt. Sogar die Eschatologie, die endzeitliche Vollendung der Welt wird von Christus als Hochzeitsfest dargestellt ... Jesus selbst ist der Bräutigam; und die ganze Kirche ist dann Braut, die dem Geliebten bei der Heimkehr entgegenzieht" (D. M. Turoldo, Non hanno più vino – Sie haben keinen Wein mehr, Brescia 1979, 153f).

Diese Worte machen verständlich, welche Vorstellungen Johannes mit seiner verschlüsselten Sprache in uns weckt, wenn er eine Hochzeit als erstes Ereignis erwähnt und damit in dieser so menschlichen Angelegenheit das Mysterium Christi zur Darstellung bringt.

„Und die Mutter Jesu war dabei." Im Mittelpunkt des Berichtes steht Maria. Sogar Jesus und seine Jünger erscheinen in einem etwas diffusen Licht: *„Auch* Jesus war zur Hochzeit eingeladen." Für den Evangelisten ist die Gestalt der Mutter zweifellos die Hauptfigur, und erst von ihr wird die Aufmerksamkeit auf Jesus gelenkt. Das Wunder, die Offenbarung der Herrlichkeit Christi, nimmt seinen Weg über die Mutter.

Die Aussagekraft und Tiefe der im Abschnitt enthaltenen Symbole erlauben gleichsam nicht, das in Worten auszudrücken. Ich empfehle daher, sich betrachtend in ihn zu vertiefen und im Herzen von der Kraft des Heiligen Geistes anrühren zu lassen.

Hier beschränke ich mich darauf, in drei Betrachtungspunkten einige Aspekte hervorzuheben, die unser Thema speziell betreffen: Maria hat den Blick für das Ganze; Maria identifiziert sich; Maria ist unverzagt.

Maria hat den Blick für das Ganze

Als Ausgangspunkt nehmen wir eine schöne Bemerkung der heiligen Theresia vom Kinde Jesus, die in ihrer Selbstbiographie von ihrer Kindheit berichtet: „Ich war fröhlich veranlagt, aber ich brachte es nicht fertig, mich kopfüber in die Spiele meiner Altersgefährten zu stürzen; oft lehnte ich mich in der Pause an einen Baum, erfaßte von dort aus mit einem Blick das Ganze und überließ mich ernsten Gedanken!" (Handschrift A, 115). Diese Stelle ist ein glänzendes Bild für die Gabe, die Maria beim Hochzeitsmahl zu Kana an den Tag gelegt hat.

Im Bericht des Evangeliums sind alle mit irgendeiner Aufgabe beschäftigt: die einen in der Küche, andere mit Servieren und wieder andere mit Musikinstrumenten. Nur Maria hat den Blick für das Ganze, hat die Gesamtübersicht und erfaßt, was da im Grunde vorgeht und wo es an Wesentlichem fehlt. Das ist die kontemplative Veranlagung Mariä, ihre Kombinationsgabe, der Blick für das Besondere. Sicher wird sie auch Hilfsdienste haben leisten müssen: wohl achtete sie auf die Einzelheiten, doch sie erschaute, wie an einen Baum gelehnt – nach den Worten der Heiligen von Lisieux – das Ganze und erfaßte die Situation.

Die Kombinationsgabe ist ein echt weiblicher Zug: den Kern einer Sache mit der Vernunft des Herzens erfassen zu können und nicht durch logisches Denken oder prompte und präzise Analyse aller Einzelheiten.

Maria bemerkt das wortlose Stöhnen der Welt und faßt es schlicht in die Worte: *„Sie haben keinen Wein mehr."* Außer ihr sagt das niemand. Wahrscheinlich machten auch noch andere diese Feststellung, aber wie im Traum: sie sehen, daß etwas zur Neige geht, und da sie sich nicht zu helfen wissen, machen sie lieber weiter und tun, als sei nichts geschehen.

Die Berufsgnade eines gottgeweihten Menschen besteht gerade darin, selbst im eigenen kleinen Pflichtenkreis eine Sicht zu pflegen, die auch die Verhältnisse in der Gemeinschaft, in Gruppen, in der Kirche und in der Gesellschaft im Auge behält, so daß man ohne weiteres die schwierigen und heiklen Situationen schon im Entstehen wahrnehmen, ihnen Ausdruck verleihen und diskret und tatkräftig begegnen kann.

Dieses wunderbare kontemplative Charisma müßte sich jede Ordensfrau wünschen: es ist nicht Sachkenntnis, nicht Geschicklichkeit auf diesem oder jenem Gebiet oder Spezialausbildung menschlicher Fähigkeiten, es ist vielmehr eine Gesamtschau, die den Sinn des Ganzen zu wahren weiß. Vielleicht ist es schwer, das in Worte zu fassen, aber es ist wichtig und für das Leben der Kirche sogar unentbehrlich. In ihr gibt es doch das Charisma der Leitung, der Tatkraft, der umsichtigen Planung: es ist das „Petrus"-Charisma, ein Charisma von grundlegender Bedeutung für das Funktionieren des Leibes der Kirche. Das kontemplative Charisma ist etwas noch Subtileres, Undefinierbares, das der Kirche insgesamt Einheit verleiht und sie anziehend, liebenswert und überzeugend macht. Es ist das Charisma Mariä, und die Kirche liefe, wenn es ihr ausginge, Gefahr, zu einer Gesellschaft von Fachleuten, von Autoritäten und Spezialisten zu werden, in der jeder nur seine eigene Auffassung durchsetzen will und sich sogar, und das unter Berufung auf seine Fachkenntnis, mit andern überwirft.

Der Blick für das Ganze, in dem der Leib der Kirche sich geborgen weiß, ist das Charisma Mariä. Es weckt ihre Aufmerksamkeit für alle wunden Stellen und ihre Bereitschaft, sie beim Namen zu nennen und Abhilfe zu schaffen, bei den einen durch den Appell an ihr Pflichtbewußtsein, bei anderen durch den Anstoß zum Eingreifen. In Kana begegnet Maria dem Wein-Notstand ja nicht unmittelbar, sondern sie bringt ihn ans Licht, macht auf ihn aufmerksam und vertraut ihn der Sorge ihres Sohnes an. Sehr schön heißt es in einem Sonett*.

„Nun soll aus dem Herzen uns kommen ein Lied
als Gabe, die wir dir bringen, o Mutter:
du hast deinen Sohn das erste der Wunder
zu wirken veranlaßt in Kana beim Fest.

Du sagtest besorgt: Aus geht ihnen der Wein.
Dein Auge sieht damals zuerst die Freude
schwinden an unserer festlichen Tafel,
doch steht es dir heute an, zu gebieten."

* D. M. Turoldo, Non abbiamo più vino, „Laudario alla Vergine" – Wir haben keinen Wein mehr, „Marienlob", Turin 1980, 74).

Bitten wir deshalb die Heilige Jungfrau, unsere Festtafeln im Auge zu behalten, die Festtafel, die unsere Konvente darstellen, unsere Ortskirchen, die Kirche unseres Landes und die Weltkirche; und auch die Festtafel im Auge zu behalten, die aus unserer Gesellschaft besteht, unseren Blick dafür zu schärfen, was zur Neige geht, und uns die kontemplative Aufmerksamkeit beizubringen, mit der sie über die Festtafel der Hochzeit zu Kana gewacht hat. Bitten wir Maria, uns davor zu bewahren, uns die Kleinkariertheit im persönlichen Bereich zu Herzen gehen zu lassen, uns aber mit der großen Tischgemeinschaft der Menschheit im Einklang schwingen zu lassen, wenn wir die Lage all derer registrieren und kommentieren, die keinen Wein, kein Brot und keine Freude mehr haben und nicht zum Festmahl geladen sind.

Jeder kann sich dann die Frage stellen: Bin ich so sehr in meiner eigenen Aufgabe, meiner Arbeit befangen, daß ich für das Leben meiner klösterlichen Gemeinschaft, der Kirche oder der Gesellschaft insgesamt nichts mehr übrig habe?

Habe ich mich so hartnäckig in meinen eigenen Aufgabenbereich verrannt, daß ich nicht mehr sehe, wie er sich ins Ganze einer reich gedeckten Tafel einfügen müßte, an der alle in Liebe und Freude Platz nehmen können? Bin ich so wenig kontemplativ, daß ich vor lauter Bäumen den Wald nicht mehr sehe?

Maria identifiziert sich

Die Gottesmutter könnte sich eigentlich damit begnügen, aus der Kontemplation heraus eingegriffen zu haben. Wenn sie das getan hätte, hätte sie allerdings nicht die Hartnäckigkeit der Kanaanäerin bewiesen, die sich mit der Situation identifiziert hat. Sie hätte dann eine Erhebung angestellt, eine soziologische und statistische Analyse durchgeführt, ohne sich auf das Problem einzulassen. Maria hat sich aber so sehr darauf eingelassen, daß sie sich von Jesus sozusagen einen Tadel eingehandelt hat. Das sind die rätselhaften Worte, denen die Exegeten ganze Bände gewidmet haben, ohne sich jedoch auf ihren genauen Sinn ganz einigen zu können:

„Was habe ich mit dir zu tun, Frau?“ (Urtext). Sicher ist das keine ermutigende Ausdrucksweise, wie immer man sie auch auszulegen versucht. Maria nimmt sie hin, denn sie hat sich ganz mit der Situation identifiziert, als wäre es ihre eigene: „Sie haben keinen Wein mehr“, d. h., *wir haben keinen Wein mehr.* Dem Sinne nach macht sie sich ganz mit den armen Leutchen gemein, deren Namen wir nicht einmal kennen und von denen das Evangelium sonst nichts berichtet. Zwei weitere Strophen des schon zitierten Sonetts erschließen uns den Zugang zur Geisteshaltung Mariä:

„Ja, wir haben keinen Wein mehr, o Mutter!
Freude ist nicht mehr, wo immer wir lieben,
und gnadenlos ist unser aller Geschick,
auch die Feste kennen den Glauben nicht mehr!

Weil sie an die Stunde Christi gelaubt hat,
erweisen wir dir die Ehre, o Vater:
lösche du uns den Durst mit dem anderen Wein
deines Sohnes, dem Geiste, der uns berauscht!“ *

* D. M. Turoldo, a. a. O.

Daß bei einem Festmahl der Wein ausgehen sollte, ist im Grunde nicht einmal so schlimm. Die Leute hätten nach Hause gehen können, sie hatten ohnehin genug getrunken. Das Manko, das Maria feststellt, ist also nicht entscheidend, es geht nicht um Leben oder Tod: es fehlt an Annehmlichkeit, an dem *gewissen Etwas,* das zum guten Gelingen gehört, und gerade daran lassen wir es meistens fehlen. Oft geht uns dieses *„gewisse Etwas“* an Freude, Begeisterung und Schwung völlig ab, das unentbehrlich ist, wenn alles gut vonstatten gehen soll. Wie viele Gemeinschaften haben diesen Wein nicht! Im Grunde führt man sein Ordensleben, man hält seine Gelübde, man erfüllt aufmerksam und ernsthaft seine Obliegenheiten, die Außentätigkeit übt man zur Zufriedenheit der Leute aus. Doch es fehlt das „gewisse Etwas“, dessen Bild der Wein ist!

Ihm auf die Spur zu kommen, ist eine Gnade, die die klösterlichen Gemeinschaften von der Gottesmutter erbitten müssen; denn es ergibt sich nicht schon aus den soziologischen Analysen, die wir vornehmen. Auf die berühmte Frage: Warum sind die Ordensberufe zurückgegangen? haben wir gewöhnlich verschiedene Antworten bereit: Wir sind nicht genug mit der Zeit gegangen, wir sind zu sehr mit der Zeit gegangen, wir haben uns der Öffnung versagt, wir haben uns übertrieben weit geöffnet, wir haben am Habit festgehalten, wir haben den Habit aufgegeben. Das aber, worauf es eigentlich ankommt, läßt sich nicht leicht in Worte fassen, auch wenn man beim Besuch eines Schwesternklosters darauf trifft und es ersichtlich wird, daß man hier – bei allen unvermeidlichen Schwächen – *Wein hat.*

Maria muß uns helfen, festzustellen, was fehlt,

nicht um anzuklagen oder zu jammern, sondern um es in Liebe zu ertragen. Und vor allem muß sie mir helfen, festzustellen, was mir fehlt, das gewisse Etwas, das das Mehr verleiht: vielleicht fehlen mir nur Kleinigkeiten, kleine Schritte, die ich tun muß, um meinen Leib, meinen Geist und mein Denken in Zucht zu halten; hier und da im Leben ein wenig zu vergeben und zu verzichten, kleine Spannungen zu begraben oder die Zunge ein wenig zu zügeln. Vielleicht braucht es bei mir nur wenig, damit der gute Wein zum Vorschein kommt.

Der Evangelist wiederholt dreimal das Eigenschaftswort *„gut“*: „Jeder setzt zuerst den *guten Wein* vor ... den *weniger guten* ... Du hast den *guten Wein* bis jetzt zurückgehalten“. Wein kann wirklich Wein und doch nicht gut sein; das mag an den Trauben liegen oder an der Unfähigkeit dessen, der sie gekeltert hat. Jesus will den guten, dessen Vollmundigkeit ein Ergebnis des Zusammenwirkens von Reben, Sonne, Hitze, Boden, Keltern und Abfüllen ist. Er will ihn, sei es im Hinblick auf unser Leben, sei es im Hinblick auf die Vollzähligkeit in unseren Gemeinschaften, sei es im Hinblick auf die Freude der Frau in der Kirche und in der Gesellschaft.

Der gute Wein, um den es Jesus geht, zeigt sich auch im Um-sich-Greifen von Charismen, von Lebendigkeit und Dienstbereitschaft seitens aller Getauften und besonders aller Frauen in der Kirche.

Der Wein Jesu besitzt auf der Hochzeit zu Kana eine unerschöpfliche *Fülle:* „Sechs steinerne Krüge, ... jeder mit etwa hundert Liter Fassungsvermögen“, gefüllt bis zum Rand. Unser geistliches Leben, das vielleicht von Trockenheit oder Erschöpfung gezeichnet ist, muß von innen heraus schäumender Wein und überbordender Geist sein, der uns Tag und Nacht speist, ohne uns je auszugehen: es darf nicht nur ein kleiner Rest im Glas sein, mit dem man kaum seinen Durst stillen kann!

Maria ist unverzagt

Jesus sagt nicht, daß er Abhilfe schaffen will, aber Maria sagt den Dienern: „Was er euch sagt, das tut!" Ihre Worte haben, biblisch gesehen, sozusagen seit langem einen guten Klang. Kommen sie doch während der Hungersnot in Ägypten aus dem Munde Pharaos, als das Volk nichts mehr zu essen hatte: „Geht zu Josef! Tut, was er euch sagt. Als die Hungersnot über das ganze Land gekommen war, öffnete Josef alle Speicher ..." (Gen 41,55 f). Die Gestalt Mariä erscheint hier im Licht des Mannes, der den Hunger eines ganzen Volkes stillt: Maria ist es, durch die die Macht Jesu sich auf Erden für die ganze Menschheit offenbart. Sie ist sich ihres Sohnes *sicher,* denn er ist Gottes Sohn.

Das ist wohl die *Überzeugung,* an der wir es am ehesten fehlen lassen. Mögen wir auch merken, daß der Wein ausgeht, mögen wir uns auch ein wenig bedrückt mit der Kargheit unseres Lebens, unserer klösterlichen Gemeinschaft und unserer Ortskirche identifizieren. Wenn wir es einfach nicht fertigbringen, die „Furt des Glaubens" zu durchschreiten, bleiben wir in der schmerzlichen Betrachtung der Lage stecken oder unternehmen unzureichende Lösungsversuche.

Wie oft habe ich doch, wenn man mir, z. B., Analysen und Einschätzungen des Ausbleibens geistlicher Berufe vorträgt, den Eindruck, daß man von den vorgeschlagenen Maßnahmen nicht überzeugt ist! Maßnahmen sind notwendig, man muß ein Programm aufstellen und etwas tun, und doch ist das nicht die feste Überzeugung von Jesus, die allein all unserm Tun Durchschlagskraft verleiht. Unser Glaube reicht nicht aus, uns gelingt der qualitative Sprung nicht, der nicht in der Suche nach dem Schlüssel zum verborgenen Schatz besteht, sondern darin, daß wir uns in Jesus geborgen wissen, auch in den einfachsten Gegebenheiten und den spontansten Ausdrucksformen des gottgeweihten Lebens.

Jeder mag sich einmal die Frage stellen:

– Wie kann ich Maria folgen und es dem Geist überlassen, in mir die Gnade der ganzheitlichen Schau, des Blickes für das Ganze zu wecken?

– Wie kann ich mir etwas vom Einfühlungsvermögen Mariä aneignen?

– Wie kann ich zu ihrer Unverzagtheit gelangen, die sich ganz und gar in Christus geborgen weiß?

Die Antwort ist nicht einfach, da man sie nur aus einem Leben geben kann, das völlig auf dem Boden des Evangeliums steht. Es gibt allerdings eine wichtige Hilfe, die man oft außer acht läßt: nämlich die Öffnung für die Kontemplation. Wir können uns Maria nähern durch die betende Lesung des Gotteswortes, durch die Schriftlesung im Heiligen Geist.

Es ist nicht damit getan, diese Schriftlesung theoretisch zu erlernen, man muß sie pflegen. Sie zu erlernen, heißt, sich darin zu üben, einige Aspekte oder Worte einer Evangelienperikope herauszuarbeiten. Aber es kommt dann darauf an, die Worte immer wieder zu lesen und miteinander zu vergleichen, wie Maria es getan hat, die „all diese Worte in ihrem Herzen bewahrte" (Lk 2, 19.51). Maria ist Vorbild für das sich mit der Sache identifizierende Einfühlungsvermögen und die Unverzagtheit, weil sie *Vorbild für die Kontemplation* ist. Hierin besteht eins der Geheimnisse des gottgeweihten Lebens in der Kirche: Quellgrund der Kontemplation und Schule des Gebetes und der Kontemplation zu sein, aus der Lehrmeisterinnen kommen, die jedem Christen, jedem Mann und jeder Frau von sechs Jahren an aufwärts diese Lebensformen nahebringen. Mir fällt da Theresia vom Kinde Jesus ein, die schon im zarten Kindesalter angesichts der Natur spürte, wie in ihr die Kontemplation zum Leben erwachte (Handschrift A, 50). Diese Gabe der Kontemplation besitzen sehr viele kleine Kinder, Jungen und Mädchen. Nur wird sie nicht gepflegt, und sie findet bei Erziehern, die sie nicht aus eigener Erfahrung kennen, kein Verständnis!

Es ist die vordringlichste Aufgabe eines gottgeweihten Menschen, die Kontemplation zu pflegen und anderen zugänglich zu machen; der Gesellschaft die Erkenntnis zu vermitteln, daß die Kontemplation über der Aktion, die Existenz über dem Handeln, das Sein über dem Haben steht.

„Maria, hilf uns, in der Kirche bis zum Herzen deines kontemplativen Daseins vorzustoßen!"

Die Furt des Glaubens

Homilie zu Ez 28,1–10 und Mt 19,23–30

Die beiden Lesungen der Tagesliturgie (Dienstag der 20. Woche im Jahreskreis) führen uns zwei Aspekte des Landes vor Augen, aus dem die kanaanäische Frau stammt: undurchsichtige und sündhafte Verhältnisse, die bei jedem von uns auf Grund unserer Zugehörigkeit zum Volk der Menschen an der Tagesordnung sind; wir sind durch Gottes Barmherzigkeit aus ihnen heraus zum Heil berufen und bleiben ihnen doch im Laufe unseres Lebens weithin verhaftet.

Das gottgeweihte Leben ist, kraft der Taufe und der Ordensgelübde, der allmähliche Auszug aus unserem Ursprungsland, in dem wir geboren sind und leben.

Die Bibeltexte zeigen uns zwei Eigenschaften, die für das sündige Milieu, in dem die Menschheit lebt, typisch sind.

Der *erste Text* (Ez 28,1–10) betont vor allem unter dem Namen des Fürsten von Tyrus den Hochmut und den Stolz. Der Abschnitt gehört zu einer Reihe von Prophetensprüchen gegen die Heidenvölker, die die menschliche Wirklichkeit in düsteren Farben ausmalen.

Der *zweite Text* (Mt 19,23–30) hat Besitz und Reichtum zum Thema.

1. *Zunächst sei festgestellt,* daß die beiden Lesungen Laster und negative Verhaltensweisen anprangern, die eher spezifisch männlich als weiblich sind. Stolz und

Wille zur Macht sind typisch für den Mann. Bei der Frau äußern sie sich vielleicht in abgewandelter Form als Eitelkeit, als Wunsch, jemandem etwas zu bedeuten und Lob und Bewunderung zu ernten. Das ist allerdings nur eine andere Form derselben Grundhaltung des Stolzes.

Auch das Festhalten am Besitz, das Verlangen, Geld um seiner selbst willen anzuhäufen, sind dem Manne eigen: für die Frau zählt Geld nur insofern, als es ihr den Kauf von Kleidern, Schmuck und schönen Dingen ermöglicht.

Das sind zwei einander ergänzende Seiten derselben Sache.

Dazu möchte ich jedoch etwas bemerken. Zwar äußern sich diese wesentlichen Abwege des menschlichen Geistes bei der Frau als Eitelkeit, Geltungsdrang und Fähigkeit, sich herauszuputzen. Tut man aber den Schritt vom Einzelmenschen zu Verbänden, Gruppen und klösterlichen Gemeinschaften, so erweisen sich diese Fehlhaltungen sogar für die Gemeinschaften als direkte Bedrohung. Es gibt einen Gruppenstolz und -hochmut und ein Pochen auf Besitzrechte der Gruppe, die auch die Frauenorden und -kongregationen ernstlich anfressen. Persönlich leben wir die Armut, die Demut und den Verzicht, aber uns scheint, für die Gemeinschaft dürfe das nicht gelten, denn – so sagt man – Geschäft ist Geschäft, und klug muß man sein.

In gewisser Hinsicht stimmt das auch, doch bin ich immer besonders von den Ordensgemeinschaften erbaut, die als Ganze die Demut leben, nicht an Geld und Besitz hängen und das Zeugnis eines wirklich einfachen Lebens geben.

Wir müssen uns darüber klar werden, daß Vollkommenheitsstreben und Auszug aus dem Land Kanaan von der Gemeinschaft, und nicht nur von ihren einzelnen Gliedern gefordert sind. Infolgedessen sind die Oberen aufgerufen, darüber nachzudenken und die Armut der Gruppe gegen die Kritik derer in Schutz zu nehmen, die die Anhäufung von Geld und Gut oder das Festhalten daran für richtig halten. Natürlich ist das Ermessen darüber nicht immer leicht.

2. *Sodann sei festgestellt,* daß die biblischen Lesungen bei der Darstellung der Frevel auf den ersten Blick zu weit zu gehen scheinen, und wir zu der Annahme versucht sind, es handle sich um Dinge, die uns nicht passieren können. Wir kommen doch nie auf den Gedanken, uns im Stolz zu der Behauptung aufzuwerfen: „Ich bin ein Gott", oder uns mitten im Meer auf einen Wohnsitz der Götter niederzulassen! Wir kommen also zu dem Schluß, daß die Lesung uns nicht betrifft. Und doch möchte ich zwei Anwendungen vorschlagen, die vielleicht bei uns ihr Ziel nicht weit verfehlen.

– Was entspricht im persönlichen Leben einer Ordensfrau dem stolzen Ausruf, der hier dem Fürsten von Tyrus in den Mund gelegt wird? Er findet seine Entsprechung darin, daß ich die „Furt des Glaubens" nicht durchschritten und Gott noch nicht ein für allemal den Ausschlag beim Entwurf meines Lebens und seiner Ausführung überlassen habe. Was bei Ezechiel Stolz ist und bei einer Frau in seiner periphersten Form eine gewisse Art von Eitelkeit und Geltungsbedürfnis sein kann, wird im Herzen zur Bindung, durch die ich meiner eigenen Vorstellung von meinem Leben verhaftet bin: Vorstellungen von den Aufgaben, die man mir geben sollte, mitunter von einer

Fachausbildung, und Vorstellungen vom geistlichen Fortschritt auf Grund von unbewußten Hoffnungen, an die ich mich festklammere, ohne letztlich hinzunehmen, daß Gott auf mich einwirkt und mit mir ganz anders verfährt. Ich möchte anders sein, ohne die bewußten Grenzen oder Fehler, voller Ungeduld und Groll, und bleibe so unzufrieden, weil ich mich selbst und die andern nicht mag, anstatt mich mit Leib und Seele fest in Zucht zu nehmen. Das heißt, die Furt des Glaubens nicht durchschritten zu haben. Mitunter äußert sich das Versagen vor der Furt des Glaubens im Jammern über den Weg, den ich mit wer weiß welchen Erwartungen eingeschlagen habe, und der dann ganz anders ausgefallen ist. Ich bin von mir selbst und der Gemeinschaft enttäuscht, und anstatt das zum Anlaß zu nehmen, mich dem Willen Gottes zu überlassen, falle ich in Trostlosigkeit, Schwermut, Groll und Neurosen aller Art.

Das ist es also, was in der geistlichen Entwicklung dem wahnwitzigen Stolz des Fürsten von Tyrus entsprechen könnte, der uns doch normalerweise so fern zu liegen scheint.

– Und dann: was entspricht dem Hang zum Besitz, von dem in der Evangelienperikope die Rede ist und der uns ebenfalls nicht zu betreffen scheint? Ich würde sagen, die Anhänglichkeit an kleine Dinge, die uns viel leichter fällt als die an große.

Es ist ein Festhalten am Besitz, das sich da zeigt und gewöhnlich mit den Jahren zunimmt und zur ängstlichen Sorge um unsere lieb gewordene Geborgenheit wird: um das Haus, das Lebensmilieu, den Bekannten- und Freundeskreis, mit dem wir dienstlich zu tun haben und der uns in Wirklichkeit eine Stütze ist. All das wird zu *unserem Besitz,* und das kann so weit gehen, daß schon der Gedanke, seiner beraubt zu werden, uns mitnimmt und innerlich schwer erschüttert. Die Dramatik so mancher Versetzung hängt, z.B., doch damit zusammen, daß wir uns an all das klammern, was zu unserem Leben gehört! Das braucht uns nicht in Erstaunen zu versetzen, aber es muß ein Alarmsignal sein, das uns bewußt macht, wie weit der Weg noch ist, der uns zur echten Selbsthingabe führen soll. Aufregung nutzt da nichts, eher ist Vertrauen in Gottes Wort am Platz: „Für Menschen ist das unmöglich, für Gott aber ist alles möglich". Das Wunder des Hindurchgehens des Kameles durch das Nadelöhr kann auch an uns geschehen, die wir immer ein wenig füllig sind wie Kamele, wenn es uns auch vorkommt, als hätten wir schon so vielem entsagt.

„Für Gott ist alles möglich." Dieses Wort führt uns wieder zu den großen marianischen Themen zurück. Es fällt ja anläßlich der Geburt Johannes des Täufers und verbindet uns mit dem Geheimnis der Verkündigung und der Heimsuchung. Für Gott ist es sicher möglich, mein Leben mit all seinen Anhänglichkeiten durch das Nadelöhr des Kreuzesmysteriums passieren zu lassen.

Dazu muß ich mir nur Jesu gewiß sein, auf ihn vertrauen und mich ihm anvertrauen, ohne mir anzumaßen, schon eine wer weiß wie hohe Stufe der Loslösung erreicht zu haben.

„Herr, ich vertraue mich dir an.
Du weißt, daß ich dich liebe,
du kennst meine Schwäche und Gebrechlichkeit,
du weißt, daß ich trotz des von mir
beanspruchten Grades der Loslösung
wie ein verwundeter Adler klage,

wenn man mir unvermittelt etwas nimmt,
was ich für wichtig halte.
Du Herr sollst mich mit deinem starken Arm
beim Auszug aus Ägypten führen,
damit ich das Land Kanaan erobere.
Und du, Maria, hilf mir, in mein Inneres
und auf mich zu schauen mit dem Blick der Wahrheit,
der Freiheit und der Einfachheit,
der mich auf den rechten Weg zum Kreuz
und zur Auferstehung bringt."

Der Glaubensgeist nach dem Evangelium

Die Sünderin im Hause Simons (Lk 7,36–50)

„Maria, du hast unter dem Kreuz im Todeszittern Jesu das Beben der ungeheuren Kraft der Erlösung von Mann und Frau verspürt. Laß auch uns zu ihrer Wahrnehmung gelangen, damit wir sie in unserem Leib, in unserer Stimme und in all den anderen Menschen zum Schwingen bringen, die wie wir und mit uns dazu berufen sind."

Wir wollen unseren Tag der Besinnung unter dem Kreuz widmen, im Herzstück der Erlösung. Wir haben schon einige Ideal-Haltungen der Frau betrachtet: die Frau, die sich mit dem Leid der Gesellschaft identifiziert, die sich ihm unverzagt stellt und es mit einem Glaubensgeist erfüllt, den nichts ins Wanken bringt.

Jetzt wollen wir in uns den Glauben an die Erlösung vertiefen, der uns, gerade weil wir gebrechliche und arme Sünder sind, zu Heilswerkzeugen macht.

Die Sünderin im Hause Simons

Die Szene aus dem Evangelium schildert uns der Evangelist Lukas:

„Jesus ging in das Haus eines Pharisäers, der ihn zum Essen eingeladen hatte, und legte sich zu Tisch. Als nun eine Sünderin, die in der Stadt lebte, erfuhr, daß er im Haus des Pharisäers bei Tisch war, kam sie mit einem Alabastergefäß voll wohlriechendem Öl und trat von hinten an ihn heran. Dabei weinte sie, und ihre Tränen fielen auf seine Füße. Sie trocknete seine Füße mit ihrem Haar, küßte sie und salbte sie mit dem Öl. Als der Pharisäer, der ihn eingeladen hatte, das sah, dachte er: Wenn er wirklich ein Prophet wäre, müßte er wissen, was das für eine Frau ist, von der er sich berühren läßt; er wüßte, daß sie eine Sünderin ist. Da wandte sich Jesus an ihn und sagte: Simon, ich möchte dir etwas sagen. Er erwiderte: Sprich, Meister! (Jesus sagte:) Ein Geldverleiher hatte zwei Schuldner; der eine war ihm fünfhundert Denare schuldig, der andere fünfzig. Als sie ihre Schulden nicht bezahlen konnten, erließ er sie beiden. Wer von ihnen wird ihn nun mehr lieben? Simon antwortete: Ich nehme an, der, dem er mehr erlassen hat. Jesus sagte zu ihm: Du hast recht.

Dann wandte er sich der Frau zu und sagte zu Simon: Siehst du diese Frau? Als ich in dein Haus kam, hast du mir kein Wasser zum Waschen der Füße gegeben; sie aber hat ihre Tränen über meinen Füßen vergossen und sie mit ihrem Haar abgetrocknet. Du hast mir (zur Begrüßung) keinen Kuß gegeben; sie aber hat mir, seit ich hier bin, unaufhörlich die Füße geküßt. Du hast mir nicht das Haar mit Öl gesalbt; sie aber hat mir mit ihrem wohlriechenden Öl die Füße gesalbt. Deshalb sage ich dir: Ihr sind ihre vielen Sünden vergeben, weil sie (mir) so viel Liebe gezeigt hat. Wem aber nur wenig vergeben wird, der zeigt auch nur wenig Liebe. Dann sagte er zu ihr: Deine Sünden sind dir vergeben. Da dachten die anderen Gäste: Wer ist das, daß er sogar Sünden vergibt? Er aber sagte zu der Frau: Dein Glaube hat dir geholfen. Geh in Frieden!" (Lk 7,36–50).

Es ist eine sehr schöne Geschichte, jedoch schwer zu deuten, da sie in allen Einzelheiten ungewöhnlich ist. Vor allem liegt sie gleichsam haarscharf an der Grenze des Schicklichen. Stellen wir uns nur einmal vor, so etwas passierte bei einem Bischofsbesuch: was für ein Ärgernis für die Leute, und was für pikante Bildberichte könnte das für etliche Wochenblätter geben! Es ist kein Zufall, daß nur der Evangelist Lukas diese Geschichte bringt.

Es ist schwierig, ihren eigentlichen, erschütternden Sinn zu erfassen. Außerdem ist sie schwierig, weil die Exegeten für ihre Übersetzung bei einigen Worten geteilter Meinung sind. Der berühmte Satz: „Deshalb sage ich dir: Ihr sind ihre vielen Sünden vergeben, weil sie so viel Liebe gezeigt hat" (47), bringt uns, z. B., in Verlegenheit. Anscheinend wäre es logischer, zu sagen: Da sie viel Liebe gezeigt hat, sind ihr ihre vielen Sünden vergeben. Oder: Weil ihr viele Sünden vergeben sind, zeigt sie Liebe. Dagegen ist der Text, so wie er ist, in seiner genauen Bedeutung schwer zu erfassen und läßt die Exegeten und Kommentatoren hinsichtlich der Akzentsetzung ratlos. Sogar der Schluß: „Dein Glaube hat dich heil gemacht" (Urtext), stellt eine Schwierigkeit dar. Geht es in diesem Abschnitt denn um den Glauben oder um die Liebe? Und wieso taucht da auf einmal der Glaube auf, während vorher nur von der Liebe die Rede war?

Schließlich ist die Perikope schwierig, weil man zu ihrem Verständnis ganz auf dem „Planeten Frau" Fuß fassen müßte: in den Reaktionen und Verhaltensweisen der Frau, die uns oft ein Rätsel bleiben. So viel steht fest, daß Simon diesen Planeten nicht betritt und daher nichts versteht. Dazu brauchte man das Herz Christi. Er allein hat Zugang zum „Geheimnis" der Frau und erfaßt genau den springenden Punkt jenseits der vielfältigen und widersprüchlichen Meinungen, die das Geschehen auslöst.

Wie bei den anderen Szenen aus dem Evangelium, beschränke ich mich auch hier mit einigen allgemeinen Hinweisen auf Simon, die Frau und Jesus.

Simon

Es empfiehlt sich hier, den Abschnitt im Zusammenhang mit dem unmittelbar vorausgehenden Text zu lesen. Nach seiner Lobrede auf den Täufer sagt Jesus: „Johannes der Täufer ist gekommen, er ißt kein Brot und trinkt keinen Wein, und ihr sagt: Er ist von einem Dämon besessen. Der Menschensohn ist gekommen, er ißt und trinkt; darauf sagt ihr: Dieser Fresser und Säufer, dieser Freund der Zöllner und Sünder! Und doch hat die Weisheit durch alle ihre Kinder recht bekommen" (7,33 ff).

Die Meinungen über Jesus gingen offenbar weit auseinander: jeder beurteilte ihn aus seiner eigenen Sicht, und wenn man dabei nicht genau zusah, konnte man ihn nicht verstehen und gab daher auch der Weisheit nicht recht. Eben das passiert im Hause Simons: weder Simon, noch die geladenen Gäste, ja, nicht einmal die Apostel verstehen Jesus. Einzig die Frau versteht ihn. Sie ist ein „Kind der Weisheit". Schauen wir uns nun Simon einmal an.

1. Simon begreift einfach nicht, was vorgeht, er ist starr vor Schreck und entsetzt angesichts der peinlichen Situation, die entstanden ist, und angesichts der Blamage, die er sich vor den andern Pharisäern geleistet hat. Er hatte Jesus eingeladen und geglaubt, damit

Mut bewiesen und Jesus vielleicht eine Chance gegeben zu haben, als weiser, strenger, ernster und gelehrter Rabbi aufzutreten. Statt dessen war sein Plan mißlungen, und nun weiß er nicht mehr ein noch aus: der Rabbi blamiert sich vor den Seinen, man tuschelt, im Saal entsteht Aufregung. Simon ist also ganz unglücklich, er möchte eingreifen, wagt es aber nicht, da er sieht, daß der Rabbi sich auf das Geschehen einläßt, und auch das entmutigt ihn. Sicher hätte er ohne weiteres der Frau sagen können: raus hier! Aber er bringt es nicht fertig.

Er ist ein ganz in sich versponnener Mensch, dem alles quer kommt, wobei er aber nicht im geringsten daran denkt, die Schuld bei sich zu suchen. Er betrachtet sich eher als Unglücksraben: er hat sich die größte Mühe gegeben, Jesus zu ehren, ihm das Wohlwollen von Prominenten zu sichern, die ihn schief ansahen, und nun gehen ihm seine Hoffnungen unter den Händen zu Bruch. Ihm kommt nicht der leiseste Gedanke, er könne dafür verantwortlich oder daran schuld sein: vielmehr glaubt er, er allein bewahre in dieser heiklen und schwierigen Situation eine würdige Haltung. Wir können uns daher seine Verblüffung vorstellen, wenn Jesus den Spieß umkehrt und ihm Vorhaltungen macht. Wie kommt dir die Frau vor, Simon? Sie ist ihm ein Dorn im Auge, diese Randexistenz, er hat für sie nur Verachtung und verachtet in seinem Herzen die Einfalt Jesu, der nicht merkt, daß man ihn auf den Arm nimmt, ausgerechnet ihn, der so viel gesunden Menschenverstand und so große Menschenkenntnis zu besitzen schien.

Die Frau ist für Simon nur ein Objekt, das man aus dem Weg schaffen muß, aber nichts, was Beachtung verdient. Da er sie nicht wegjagen will, wartet er darauf, daß sie verschwindet und daß man das Thema wechselt. Simon tut vielleicht so, als sähe er die Frau nicht und als sei er mit anderen Dingen beschäftigt, und doch verfolgt er sie wütend mit seinen Blicken in der Hoffnung, daß bald Schluß ist.

2. Wer ist Simon? Wir alle sind Simon, wenn wir die Verhältnisse nicht verstehen, sie formalistisch beurteilen und uns nicht die Mühe machen, ihnen auf den Grund zu gehen. Wir alle sind Simon, wenn wir die anderen erbarmungslos richten und dadurch viel Leid verursachen. Es ist das Leid, das äußerst verhalten aus dem Heft spricht, von dem schon die Rede war: man hat es mir im Namen der weiblichen Häftlinge im Zuchthaus San Vittore überreicht. Ich möchte daraus ein Wort zitieren, das ihre Sprachlosigkeit darüber gut zum Ausdruck bringt, daß jemand sich um sie sorgt: „So rührt uns Ihr Besuch am heutigen Tag, der den meisten unter dem Namen Ferragosto – Augustferien – vertraut ist als unbeschwerte Ferien- und Freizeit. Er rührt uns, denn wir verstehen, wie wichtig es für Sie sein muß, Ihre Zeit, Ihre aufmerksame Sorge und Ihr Wort diesem Randbezirk der Gesellschaft zu widmen, der vielleicht zu den schlimmsten gehört. Wir möchten Ihnen hier einige Stimmen, Gefühlsregungen, Kummer und Freuden unseres Häftlingsdaseins mitteilen, das wir als Frauen und Mütter fristen. Sicher auch schlimme Situationen, von denen wir uns mit aller Macht in Reue und mütterlicher Scham distanzieren. Aber wir vertrauen sie Ihnen an, voller Hoffnung und in der Zuversicht, daß zu unserem Fehlverhalten nicht auch noch ein Fehlverhalten der Gesellschaft kommt, das dann diejenigen treffen könnte, die heute noch eine kleine

Kinderschar, morgen aber die kommende Generation sind."

Von den drei Eigenschaften – Frauen, Mütter und Häftlinge – läßt Simon nur die letzte gelten. Für ihn ist die Sünderin eine Delinquentin und sonst nichts, weder Frau noch Mutter. Er kommt überhaupt nicht auf den Gedanken, daß die Sünderin eine Lebensgeschichte haben könnte: Sie ist eine Frau, vielleicht eine Mutter mit ihren Problemen und Ängsten, die von keiner Seite je Hilfe erhalten hat, die Augenblicke haben könnte, in denen sie sich wieder aufrafft. Nein! Simon zufolge gehört die Frau zu den Menschen, an denen Hopfen und Malz verloren ist.

Dieser Gerechte – er ist ja ein Gerechter, über jeden Vorwurf erhaben –, der Jesus eingeladen und dadurch Mut bewiesen hat, ist ausgerechnet Jesus gegenüber schwer von Begriff. Zu allem Unglück geben ihm auch noch viele recht, und die Leute im Ort, denen die Kunde von dem Festmahl zu Ohren kommt, sagen wahrscheinlich: Der Ärmste, da hat sich Simon mit seiner Großherzigkeit ja etwas eingebrockt! Jesus von Nazaret hätte das nicht geschehen lassen dürfen!

Aber Simon ist, wie gesagt, nicht tot, sondern er lebt in uns, er lebt in unserer Mitte mit seinen Tugenden, seinen Talenten, seiner Ehrbarkeit, aber auch mit seiner gar nicht evangeliengemäßen Begriffsstutzigkeit, mit der er sich dann sogar erkühnt, Jesus Vorschriften machen zu wollen: Wenn er wüßte, wenn er wirklich ein Prophet wäre!

Es gibt ja auch Laien, die von hoher Warte mit erhobenem Zeigefinger sagen: Wenn die Kirche sich ihrer Verantwortung bewußt wäre, müßte sie begreifen, was sie da tut!

Wir sind Simon in all den Fällen, in denen wir, statt

uns die Schuld zu geben und uns zu fragen, wo wir etwas falsch machen, Hals über Kopf das Urteil über andere sprechen – auch über Jesus, auch über die Kirche –, ohne unsere Unbeugsamkeit und das reine Gewissen abzulegen, mit dem wir einzeln oder als Gruppe von unserer Tadellosigkeit überzeugt sind.

Die Frau

Was sieht und was tut die Frau? Vor allem sieht sie richtig, hat sie das Gespür für das Ganze, das wir an Maria in Kana betrachtet haben. Dort hat Maria im Trubel des Hochzeitsmahls bemerkt, was bald ausgehen würde; hier hat diese Frau im Trubel des Gastmahles und der Unterhaltungen bemerkt, daß man Jesus nicht die gebührende Ehre erwiesen hat. Sie hat begriffen, worum es hier eigentlich ging, und intuitiv mit der Umsicht der Kontemplation die Lage erfaßt. Daß diese kontemplative Umsicht, die aus der Vernunft des Herzens stammt, erhalten bleibt, ist, wie gesagt, von grundsätzlicher Bedeutung für das Wohl der Kirche und der Gesellschaft.

Und dann tut diese Frau, was sie kann und wovon sie etwas versteht. Sie tut es mit Leib und Seele, sogar über das Maß der Vernunft hinaus. Was sie tut, ist gewiß, für sich genommen, übertrieben – das gab es nicht bei jedem Festmahl –, und es geht bis an die Grenze des guten Anstands. Wenn sie etwas hätte erbitten oder sich auch nur hätte rehabilitieren wollen, hätte weniger genügt: sie aber will zum Ausdruck bringen, was man nach ihrem Gefühl an Jesus versäumt und worauf Jesus einen Anspruch hat. Sie handelt ohne Hintergedanken und hat die Transzendenz

Christi begriffen; für ihn kann man nie genug tun, und es gibt keine Regeln und keine Einschränkungen, da er schlechthin das Ganze ist und einen Totalitätsanspruch besitzt.

Natürlich läßt die Frau in ihrer intuitiven Glaubensschau auch ihre Vergangenheit, ihr Leben, ihre Sünden und ihr Fehlverhalten an sich vorüberziehen. Sie hat jedoch in dem, was sie von Jesus und seinem Auftreten gehört und was sie aus seinem Blick gelesen hat – wahrscheinlich ist sie ihm hier und da auf der Straße begegnet –, einen Widerschein von hésed, der erbarmenden Liebe Gottes, aufleuchten sehen. Daher will sie mit aller Macht diese erbarmende Liebe preisen, außer der niemand sie verstehen und erlösen kann.

Das ist es, was sie macht und lebt: die Entdeckung der persongewordenen Barmherzigkeit. Und sie erlebt die Ekstase, das Aus-sich-Heraustreten, die Freiheit des Geistes, die Freude, die sich nicht um die andern zu scheren braucht und über Kritik hinter vorgehaltener Hand erhaben ist: alles, was sich gerade aus der Entdeckung der Liebe Jesu ergibt.

Jesus

Jesus bleibt gelassen, er regt sich nicht auf und wägt ruhig mit dem kontemplativen Klarblick, der sein Lebenselement ist, das Gute an der Situation ab. Er sieht also, daß die Frau verstanden hat, daß sie mit Leib und Seele dabei ist und sich in der Ekstase der Barmherzigkeit befindet, und da kehrt er den Spieß um. Er wendet sich an Simon, führt ihn humorvoll aufs Glatteis, indem er so tut, als wolle er sich von ihm belehren lassen, und nagelt ihn damit fest. Simon begreift, daß er völlig im Irrtum gewesen ist, begreift, daß seine Anmaßung und seine Selbstzufriedenheit ihn noch schwerer von Begriff gemacht haben als jene Frau. Doch Jesus weist ihn wohlwollend zurecht und führt ihn liebevoll zu der Einsicht, daß er der Weisheit nicht recht gegeben und sich nicht als Kind der Weisheit erwiesen hat.

Und dann erklärt er auch das überschwengliche Verhalten der Frau. Er erklärt es nicht mit den Worten: Ja, diese Frau treibt es zu weit, sie ist ein wenig aus dem Häuschen. Er erklärt es theologisch und sagt: „Ihre vielen Sünden sind ihr vergeben." Eine Theologie, die dem wahren Wesen dieser Frau auf den Grund geht, entschuldigt nichts und deckt nichts zu: sie bringt unter dem Gesichtspunkt der Barmherzigkeit und der Rehabilitierung, ohne stillschweigendes Einverständnis oder Nachgiebigkeit der Sünde gegenüber, die volle Wahrheit wieder zu ihrem Recht.

Schließlich preist Jesus den Glauben:

„Dein Glaube hat dich heil gemacht." Diese Frau hat die Furt des Glaubens durchschritten, und es lohnt sich, diesen Ausdruck im Licht dieses Evangelienberichtes noch näher zu erklären. Mit Furt ist ein entscheidender Hinübergang gemeint, ein Augenblick, in dem man einen Entschluß faßt, kraft dessen man eine bisherige Unsicherheit überwindet und sich in ein Unternehmen stürzt, aus dem es kein Zurück gibt. Man kann das auch mit anderen Worten ausdrücken: die Brücken abbrechen, die Schiffe verbrennen.

Eins der berühmtesten Beispiele für solch eine Durchquerung ist in der Heiligen Schrift wohl die des Jabbok, des Gießbaches, an dem Jakob die Nacht hindurch mit dem Engel ringt (vgl. Gen 32,23–32). Auch der Übergang über den Jordan unter Josua beim Einzug in das Land der Verheißung ist eine Furt des Glaubens, da das Volk mit Leib und Seele bei der Sache ist und alles aufs Spiel setzt. Sogar der Aufbruch und der Anstieg Abrahams zum Berge Morija ist eine Furt des Glaubens.

Es geht immer um entscheidende Hinübergänge, bei denen das Wort „Glaube" den Gesichtspunkt des Glaubensgehorsams, das Vertrauen, hervorhebt und nicht so sehr den grundsätzlichen, erkenntnismäßigen, den Glaubensinhalt, dessen Furt die Taufe und später das Glaubensbekenntnis ist, das das Kind ablegt, wenn es zum Gebrauch der Vernunft gelangt ist.

Unter dem „Glauben Abrahams" verstehen wir ja die Ganzhingabe, mit der Abraham sein Leben in Gottes Hand legt, und nicht nur seinen Glauben an Gottes Größe und Vorsehung. Beide Aspekte muß man miteinander verbinden.

Mit andern Worten, es ist der *Glaubensgeist,* der den Gläubigen in fortschreitendem Maß durchdringt als immer spontanere Ganzhingabe seiner selbst an den Gott der Offenbarung, die für ihn zur Lebenspraxis gehört. Das ist noch nicht alles. Man könnte unter Glaubensgeist auch den Glauben Adams vor dem Sündenfall verstehen. Adam hat sich gewiß der Geschenkhaftigkeit der Gabe Gottes anvertraut, Gott gepriesen und die Demut eines Menschen gelebt, der in allem eine Gabe seines Schöpfers und Vaters erkennt.

Die Furt des Glaubens ist Glaubensgeist nach dem Evangelium: der Glaubensgeist des Zöllners, der sich dazu bekennt, daß die dem Sünder von Jesus am Kreuz angebotene Versöhnung reine Gnade ist. Das, und nur das, ist der mündige Glaube: daß der erlöste

Sünder in der Haltung der Reue und der demütig ergebenen Bitte lebt und sich der göttlichen Barmherzigkeit anempfiehlt. Mitunter bedenken wir zu wenig, daß wir begnadigte Sünder sind und immer wieder aufs neue der Vergebung bedürfen, und dann verlegen wir uns darauf, Gott zu verherrlichen, seine Herrschaft anzuerkennen, und machen uns so die Haltung Adams zu eigen. Das ist zwar recht, notwendig und wichtig, aber es wurzelt noch nicht in der Tatsache, daß wir Sünder sind.

Deshalb wiegen wohl die neunundneunzig Gerechten, die meinen, sie bedürften der Buße nicht, in den Augen Gottes die eine Seele nicht auf, die ihr Leben in der Reue des Zöllners und der Sünderin führt.

Das ist der Glaube, den Jesus an der Frau preist: „Dein Glaube hat dich heil gemacht." Manchmal glaubt man, man sei schon einen wichtigen Schritt vorangekommen, da man die Wahrheit Jesu Christi anerkennt, während man den Weg zur Reifung des bußfertigen Glaubensgeistes nach dem Evangelium noch nicht eingeschlagen hat. Oder man ist ihn schon gegangen und hat ihn wieder vergessen. Das ist der Fall des Pharisäers Simon, der den Glauben als Überzeugung besaß, aber nicht den Glauben des Zöllners praktizierte, nicht bedachte, daß er das Lebenselement für seine eigene Existenz darstellte und infolgedessen im Urteilen rigoros und unfähig wurde, menschliche Situationen richtig einzuschätzen.

Dieses Außerachtlassen des evangeliengemäßen Glaubensgeistes kann oft Spannungen und Verständnislosigkeit hervorrufen, die im Leben der Kirche und der Ordensgemeinschaften Schaden anrichten, weil sie sich hinter einer starren Einstellung verschanzen, die man zur Abwehr des Laxismus für unerläßlich hält.

Die Furt des Glaubens führt uns zur richtigen Haltung, die zwischen dem Rigorismus Simons und dem Laxismus vermittelt, der allem mehr oder weniger seinen Lauf läßt und sich die Mittelmäßigkeit zur Norm macht. Es stimmt nicht, daß man nur die Wahl zwischen unbeugsamer Strenge und Nachgiebigkeit hat: die eine ist so falsch wie die andere. Das gilt für die Nachgiebigkeit, die uns Worte in den Mund legt wie: das soll uns recht sein; wir versuchen, human zu sein; gewisse Dinge kann man einfach nicht verlangen; die Zeiten haben sich geändert ... Das gilt aber auch für die Strenge, die uns sagen läßt: wir müssen absolut die Tradition bewahren; wehe uns, wenn wir dies oder das aufgeben, usw.

Ein Zuviel oder ein Zuwenig verträgt sich nicht mit einem wahrhaft gottgeweihten Leben: beides hat zur Folge, daß keine wahre Menschlichkeit und keine wahre Fraulichkeit zustande kommt; dadurch wird der Gesellschaft die Heilsbotschaft vorenthalten, die das Ordensleben ihr bringen müßte.

Der Glaube, den Jesus an der Sünderin preist, hat zum Heil ihrer Fraulichkeit, ihrer Würde, ihrer Menschlichkeit und ihrer Wahrheit geführt.

Wir wollen daher die Gottesmutter um den Glauben bitten, den sie unter dem Kreuz in ihrem schmerzhaften Menschenleid zum Ausdruck gebracht hat und der der Grund dafür war, daß sie sich nicht gegen den Tod ihres Sohnes aufgelehnt, sondern ihn angenommen und ganz durchgestanden hat.

Wir wollen sie bitten, beim Herrn für uns die Gnade des wenigstens in seiner prinzipiellen Auswirkung richtigen Urteils zu erwirken und mit ihr alle zu beschenken, die sich dem Dienst Gottes verschrieben haben.

Gnadenbitte und Reue

Die Mutter der Zebedäus-Söhne (Mt 20,20–23)

Wir wollen uns von einer Stelle aus dem Propheten Sacharja auf unser Vorbereitungsgebet einstimmen lassen:

„Über das Haus David und über die Einwohner Jerusalems werde ich den Geist des Mitleids und des Gebets ausgießen. Und sie werden auf den blicken, den sie durchbohrt haben. Sie werden um ihn klagen, wie man um den einzigen Sohn klagt; sie werden bitter um ihn weinen, wie man um den Erstgeborenen weint" (Sach 12,10).

Im Licht dieser Stelle wenden wir uns dann noch einmal einigen Sätzen aus dem Johannesevangelium über den Tod Jesu zu:

„Jesus sprach: ‚Es ist vollbracht!' Und er neigte das Haupt und gab seinen Geist auf. Weil Rüsttag war und die Körper während des Sabbats nicht am Kreuz bleiben sollten, baten die Juden Pilatus, man möge den Gekreuzigten die Beine zerschlagen und ihre Leichen dann abnehmen; denn dieser Sabbat war ein großer Feiertag. Also kamen die Soldaten und zerschlugen dem ersten die Beine, dann dem andern, der mit ihm gekreuzigt worden war.

Als sie aber zu Jesus kamen und sahen, daß er schon tot war, zerschlugen sie ihm die Beine nicht, sondern einer der Soldaten stieß mit der Lanze in seine Seite, und sogleich floß Blut und Wasser heraus ... Das ist geschehen, damit sich das Schriftwort erfüllte: Man soll an ihm kein Gebein zerbrechen. Und ein anderes Schriftwort sagt: Sie werden auf den blikken, den sie durchbohrt haben" (Joh 19,30–34.36f).

„O Maria, du kannst dieses ganze Geschehen bezeugen. Laß uns in das Geheimnis des Kreuzes eingehen, erfülle unsere Herzen mit dem Geist des Mitleids und des Gebetes, der Gnadenbitte und der bitteren Reue, den der Herr in der Endzeit über seine Stadt ausgießen will. Wir möchten unsere Bitte in alt-ehrwürdige Worte kleiden: ‚Fac me tecum pie flere, crucifixo condolere, donec ego vixero – Laß mich wahrhaft mit dir weinen, mich mit Christi Leid vereinen, solang mir das Leben währt', eine inständige Bitte um Gnade unter Tränen, die nie versiegen, sondern den Acker der Seele dauernd tränken und die hartgewordenen Schollen des Herzens erweichen soll."

Das ist die Gnade, um die wir beten: die bleibende Gesinnung der Bitte um Vergebung und der Reue, in der der Glaubensgeist des Evangeliums sich in gelebte Frömmigkeit umsetzt. Und wir beten darum mit der Fürsprache des heiligen Karl Borromäus, der ja oft dargestellt wird, wie er unter Tränen bei der Betrachtung der Passion verweilt.

Da unsere Betrachtung der gläubigen Bußgesinnung gelten soll, können wir uns fragen, ob Maria sie gelebt hat; sie war doch frei von der Erbsünde empfangen. Wir antworten: ganz sicher, wenn sie sie auch auf ganz besondere Weise gelebt hat. Zu ihrem Verständnis erinnern wir uns dessen, was die heilige Theresia vom Kinde Jesus von sich selbst sagt:

„Man könnte meinen, ich hätte, gerade weil ich keine Sünde" – hier spricht sie eindeutig von den persönlichen Sünden, die wir begehen, nicht aber von der Erbsünde! – „begangen habe, so großes Vertrauen zum Herrn. Sagen Sie es nur deutlich, meine Mutter, daß ich, selbst wenn ich alle nur möglichen Verbrechen begangen hätte, genau dasselbe Vertrauen hätte und der Überzeugung wäre, daß all diese vielen Vergehen nur wie ein Wassertropfen wären, den man in ein Becken mit glühenden Kohlen fallen läßt" (Novissima verba, 11. Juli).

Das ist es, was wir unter der Gesinnung der Bitte um Vergebung und der Demut verstehen. Das ist auch die Haltung, die es sogar der Heiligen ermöglicht hat, sich zur „Tafelrunde der Sünder" zu zählen, für alle Sünden ihres Volkes mit einzustehen und inständig zu beten und sich als Sühnopfer dafür anzubieten.

Auch Maria wußte sich in ihrer Sündelosigkeit durch das Blut ihres Sohnes erlöst und kann uns daher auf unserem Weg begleiten.

Die Mutter der Zebedäus-Söhne

Die Szene aus dem Evangelium, die ich zur Vertiefung unserer gläubigen Bußgesinnung ausgewählt habe, führt uns eine bedeutsame und dabei häufig außer acht gelassene Begebenheit vor Augen: die Bitte der Zebedäus-Söhne. Man muß den Abschnitt im Zusammenhang mit der unmittelbar vorausgehenden Stelle lesen, die die dritte Leidensankündigung enthält:

„Als Jesus nach Jerusalem hinaufzog, nahm er unterwegs die zwölf Jünger beiseite und sagte zu ihnen: Wir gehen jetzt nach Jerusalem hinauf, dort wird der Menschensohn den Hohenpriestern und Schriftgelehrten ausgeliefert; sie werden ihn zum Tod verurteilen und den Heiden übergeben, damit er verspottet, gegeißelt und gekreuzigt wird; aber am dritten Tag wird er auferstehen.

Damals kam die Frau des Zebedäus mit ihren Söhnen zu Jesus und fiel vor ihm nieder, weil sie ihn um etwas bitten wollte. Er fragte sie: Was willst du? Sie antwortete: Versprich, daß meine beiden Söhne in deinem Reich rechts und links neben dir sitzen dürfen. Jesus erwiderte: Ihr wißt nicht, um was ihr bittet. Könnt ihr den Kelch trinken, den ich trinken werde? Sie sagten zu ihm: Wir können es. Da antwortete er ihnen: Ihr werdet meinen Kelch trinken; doch den Platz zu meiner Rechten und zu meiner Linken habe nicht ich zu vergeben; dort werden die sitzen, für die mein Vater diese Plätze bestimmt hat. Als die zehn anderen Jünger das hörten, wurden sie sehr ärgerlich über die beiden Brüder. Da rief Jesus sie zu sich und sagte: Ihr wißt, daß die Herrscher ihre Völker unterdrücken und die Mächtigen ihre Macht über die Menschen mißbrauchen. Bei euch soll es nicht so sein, sondern wer bei euch groß sein will, der soll euer Diener sein, und wer bei euch der Erste sein will, soll euer Sklave sein. Denn auch der Menschensohn ist nicht gekommen, um sich dienen zu lassen, sondern um zu dienen und sein Leben hinzugeben als Lösegeld für viele" (Mt 20, 17–28).

Die Leidensankündigung, die der Bitte der Mutter vorausgeht, unterstreicht noch deren Diskrepanz zur Haltung Jesu, der doch vom Tod gesprochen hatte: und die Diskrepanz wird erneut hervorgehoben durch die Empörung der andern Apostel und das Schlußwort Jesu.

Die Stelle, die alle angeht, die der Kirche angehören, gilt ganz besonders für diejenigen, die über ihre je eigene Verantwortung der Gesellschaft gegenüber nachdenken – wir wollen die Gesellschaft retten!, habe ich eingangs gesagt. Das bedeutet für Sie die Möglichkeit, volle Verantwortung für die Menschheit zu übernehmen. Nur zu zahlreich sind die Fallen, die Schlingen und die Tarnungen, deren diese Übernahme sich bedienen kann: wir lassen uns von ihr immer ein Privileg oder den Umriß neuer Möglichkeiten einer Führungsposition vorgaukeln!

Deshalb ist auch unsere Betrachtung über die Gesinnung der Bitte um Vergebung und der Reue so wichtig. Wie immer habe ich ein paar Punkte des Textes herausgegriffen, um Ihnen die persönliche Meditation und Kontemplation zu erschließen.

Die Mutter

Ganz zu Anfang des Berichtes wird mit Nachdruck – im Wortlaut des Urtextes – die „Mutter der Zebedäus-Söhne" erwähnt. Das ist etwas seltsam. Man hätte auch sagen können: die Mutter des Jakobus und des Johannes. Wahrscheinlich hat diese Benennung ihren Grund darin, daß die beiden schon immer als die „Söhne des Zebedäus" bekannt und Jünger der ersten Stunde sind:

„Als Jesus am See von Galiläa entlangging, sah er zwei Brüder, Simon, genannt Petrus, und seinen Bruder Andreas" – ihr Vater wird nicht genannt; vielleicht war er schon tot, oder er ging nicht dem Fischfang nach –, „sie warfen gerade ihr Netz in den See, denn sie waren Fischer. Da sagte er zu ihnen: Kommt her, folgt mir nach! Ich werde euch zu Menschenfischern machen. Sofort ließen sie ihre Netze liegen und folgten ihm. Als er weiterging, sah er zwei andere Brüder, Jakobus, den Sohn des Zebedäus, und seinen Bruder Johannes; sie waren mit ihrem Vater Zebedäus im Boot und richteten ihre Netze her. Er rief sie, und sogleich verließen sie das Boot und ihren Vater und folgten Jesus" (Mt 4, 18–22).

Es handelt sich demnach um eine Familie, in der der Vater seine Autorität wahrnahm, und so ist es ganz in Ordnung, daß man den Vater namentlich erwähnt, der vielleicht als Patriarch ein strenges Regiment führte und im Leben der Söhne auch psychologisch ins Gewicht fiel.

Wir machen die Feststellung, daß der Paralleltext bei Markus die Mutter nicht auftreten läßt. Die Exegeten haben sich gefragt, ob Markus hier – wie ich persönlich glaube – nur abgekürzt hat, oder ob Matthäus die Szene verdeutlichen wollte und deshalb die Mutter als die eigentliche Trägerin der Handlung herausgestellt hat. Die Entscheidung zwischen den beiden Lesarten fällt schwer: ich habe Matthäus vorgezogen, weil er, meiner Meinung nach, den psychologischen Hintergrund der beiden Brüder besser erklärt.

Die Mutter ist ihrerseits im Evangelium keine Unbekannte. Sie kam aus Kafarnaum und stand als Mutter des Jakobus und des Johannes der Familie Jesu sicher recht nahe und kannte Maria gut: daher macht Matthäus uns auch darauf aufmerksam, daß sie ebenfalls unter dem Kreuz gestanden hat. Sie ist also der Sache Jesu verbunden und eine der Frauen, die ihn mit ihrem Vermögen auf seinen Wegen finanziell unterstützt haben, sie hat oft seiner Predigt zugehört und mit Elan das Heilswerk des Meisters mitgetragen.

Sie gehört, mit einem Wort, zur Gruppe der Treuesten, und ihre Bitte ist sicher ernst gemeint.

Wir könnten sie also fragen: Wie kommst du nur

auf den Gedanken, ganz offiziell solch eine Bitte zu stellen? (Der Anbetungsgestus des Niederfallens zeigt doch, daß es sich um ein offizielles Gesuch handelt.) Eine Bitte, die du dir sicher Tag und Nacht hin und her überlegt hast.

Die Mutter wird uns dann antworten, daß sie eigentlich das vertritt, was sich auch noch in uns regt. Wie sie, haben auch wir alles hingegeben und halten doch immer noch Ausschau nach einer Vergütung, die uns schadlos halten soll.

Die Mutter hat vielleicht keine der Hoffnungen, die sie auf ihre Söhne gesetzt hatte, in Erfüllung gehen sehen und dann wohl gedacht: Jetzt kommt alles anders, und meine Buben bleiben davon ausgeschlossen; die andern schließen sich zusammen und übergehen sie. Das ist ein Instinkt, kraft dessen wir, wenn wir es auch nicht zugeben, unsere Hoffnung darauf setzen, daß für uns etwas herausspringt. Du bekommst etwas ganz Schönes, etwas ganz Großes! Und wenn wir dann merken, daß die Hoffnung nicht in Erfüllung geht, glauben wir, etwas falsch gemacht und nicht das getan zu haben, was wir hätten tun müssen. Wie oft machen uns nicht solche nagenden Sorgen gerade dann, wenn wir am wenigsten damit rechnen, einen Strich durchs Leben! Manchmal sind es wohlmeinende Menschen, die zu uns sagen: „Aber wie ist denn das: die andern machen Karriere, und du nicht, warum tust du nichts zu deinem Fortkommen!?" Solche Rippenstöße bringen uns so durcheinander, daß wir den Freunden fast recht geben möchten.

All das ist der Geist der Welt, der sich in uns in seinen raffiniertesten Formen bemerkbar macht. Im Gegensatz dazu wird uns dann klar, was das Schweigen Mariä bedeutet, die nach der Lichtfülle der Verkündigung und dem Aufleuchten von ein paar Strahlen bei der Geburt Jesu auf Jahre und Jahrzehnte hinaus nichts mehr erleben sollte. Maria, die die Geheimnisse und die Worte des „Anfangs" in ihrem Herzen bewahrte, hätte doch in die Versuchung geraten können, sich als ganz kleine Sonderfreude irgendein festliches Ereignis zu erhoffen. Aber das einzige und dazu noch schlimme Ereignis, das Maria aus dem Schweigen treten läßt, ist das Entlaufen des zwölfjährigen Jesus. Je mehr wir uns vormachen, es werde etwas geschehen, und uns für unsere Opfer belohnen, um so mehr bewundern wir die heldenhafte Haltung Mariä, die keine Erklärung abgibt, kein Wort verliert und still einwilligt. Sie ist sich Jesu sicher, was auch geschehen mag.

Die Mutter der Zebedäus-Söhne besitzt nicht die unerschütterliche Zuversicht Mariä, sondern sie erwartet etwas, sie möchte Jesus zu einer Zusicherung, zu einem Versprechen bewegen. Allerdings bittet sie nicht für sich, obgleich auch sie selbst die Nachfolge des Meisters um jeden Preis angetreten hat: sie bittet für ihre Söhne, die doch so viel getan und ihr ganzes Leben „auf eine Karte gesetzt" haben, und sie macht sich Sorge, weil sie fürchtet, sie würden übergangen. Auch wir bitten manchmal für andere, für unsere Freunde: sie haben gearbeitet, haben der Kirche gedient, und wir möchten, daß sie wenigstens eine ganz kleine Anerkennung erhielten, wenigstens ein Wort, ein Kärtchen oder die Ernennung zum Monsignore. Es rührt sich aber nichts.

Versuchen wir, die wahre Bedeutung dieses Wunschdenkens zu begreifen, das für unser tagtägliches Leben, unsere christlichen Gemeinschaften und alle Organisationen bezeichnend ist: unser Einsatz in der Gesellschaft oder in einer Gemeinschaft ist nie frei von diesem Wunsch nach Anerkennung und Belohnung.

Die Söhne

Jesus tadelt weder die Mutter noch die Söhne: er versteht sie und läßt sie sogar ein wenig zappeln: „Ihr wißt nicht, um was ihr bittet." Er gerät aber nicht in Zorn wie die andern Apostel, die sich, von denselben Voraussetzungen ausgehend wie die beiden Brüder, übergangen fühlen.

Die Söhne sind Jakobus und Johannes.

Jakobus wird der erste Märtyrer-Apostel sein, der erste unter den Zwölf, der sein Leben für den Glauben hingibt. Sein Tod ist im 12. Kapitel der Apostelgeschichte beschrieben.

Johannes ist der Evangelist, der Apostel der Aufrichtigkeit, der Reinheit, der Wahrheit, der Lauterkeit.

Und doch zeigt unsere Stelle, daß die beiden Brüder bei all ihrer Großherzigkeit und ständigen Hingabebereitschaft für die Gefahr anfällig sind, sich in den Netzen der Alltäglichkeit zu verfangen. Sie haben die Netze verlassen – ihr Vater hat ihnen wohl nachgerufen und sie deshalb zurechtgewiesen –, sie haben die Heldentat vollbracht, ihr Elternhaus zu verlassen, aber die Netze holen sie wieder ein.

Man achte auf die psychologische Feinheit, sie mit der Mutter in Zusammenhang zu bringen. Sie sind mit ihrer Bitte einverstanden und hindern sie nicht daran, wenn sie auch begreifen, daß das Ansinnen unangebracht ist. Dabei gehen sie bei ihrer Begründung genauso vor wie die Mutter: „Es ist ja nicht für uns, es ist für sie, für unsern Vater. Sie haben so viele Opfer für uns gebracht und sollten dafür eine Anerkennung erhalten, sie sollten den Freunden und Verwandten beweisen können, daß es sich gelohnt hat, daß ihre Söhne es zu etwas gebracht und eine gute Stellung haben."

Auf den heldenhaften Jakobus und den lauteren, kontemplativen Johannes fällt ein Schatten kleinkarierter Engherzigkeit. An sich nichts Böses, solange sie nicht um etwas Schlechtes bitten: sie wollen nur in Jesu Nähe bleiben und sind dabei allerdings ein wenig von weltlicher Wurmstichigkeit befallen. Sogar in der Nachfolge Jesu, in der sie sich mit ihm opfern, hat ihr Herz sich wieder verhärtet. Hier tritt nämlich etwas in Erscheinung, was die Evangelien oftmals erwähnen, die Verhärtung des Herzens, des Herzens, das sich fast tödlich verhärtet, des Herzens, das es nicht immer fertigbringt, der Lage gewachsen zu sein, und auch, wenn es anscheinend zur Ruhe gekommen ist, wieder zusammenschrumpft. Das ist natürlich nicht die Herzensverhärtung des Gottlosen, der sagt: „Es gibt keinen Gott", das ewige Leben ist nur ein schönes Märchen, man sollte lieber rücksichtslos dem Vergnügen nachgehen!

Das ist die Herzensverhärtung der Apostel, die Jesus so oft tadelt: „Wie hart und träge ist doch euer Herz, wenn es darum geht, zu glauben! Ihr habt Augen und seht nicht, habt Ohren und hört nicht. Begreift ihr denn nicht?"

Wie oft hat sich der Meister so an die Apostel gewandt, an diese großen Heiligen, die wir als die Säulen der Kirche verehren! Auch sie hatten wie wir unter dieser fortschreitenden und immer wieder auftretenden Herzensverhärtung zu leiden: man tut etwas, man versieht ein Amt, man setzt sich ein, und doch bleibt noch ein Rest von Weltlichkeit, der mit unserer Familie, unserer Bildung und unserer Herkunft zusammenhängt. Niemand von uns kann seine Familie, sein Milieu und seine Einstellung völlig abschütteln. Wir kehren sogar, je älter wir werden, um so eher zum Denken und zu den Wertvorstellungen unserer natürlichen Familie zurück. In jungen Jahren fühlt man sich frei von Familienbanden und setzt sich mit Begeisterung und Schwung ein. Wenn dann aber ganz allmählich die Kräfte nachlassen, werden die Erinnerungen wach, und es stellen sich die Sorge und die Angst um diesen oder jenen lieben Verwandten wieder ein.

Dafür den rechten Blick zu haben, ist oft schwer, da man die Liebe nicht verletzen darf und die materielle Not der Verwandten tatsächlich vorhanden ist: doch liegt diesen verkappten Formen von Nepotismus, die sich im Alter melden, immer ein wenig der Versuch zugrunde, das wieder an sich zu ziehen, was man so freudig hingegeben hatte.

Wir hatten schon immer auf irgendeine Beförderung gehofft, und da sie offensichtlich nicht eingetroffen ist, versuchen wir wenigstens, unserer Familie, unseren Neffen usw. zu helfen!

Vor dieser Herzensverhärtung, die uns mit zunehmender Zahl unserer Jahre packt, müssen wir ernstlich auf der Hut sein, auch wenn wir uns nicht darüber wundern dürfen, daß Jesus bei ihrer Behandlung mit Geduld vorgeht.

In unserem Text verdient die Geduld Jesu wirklich Bewunderung: er ruft die Zwölf zu sich, führt ihnen sein Beispiel vor Augen, das Beispiel dessen, der gekommen ist, um zu dienen und sein Leben hinzugeben, und bringt sie so wieder in die Gangart seines eigenen Herzens. Das ist es, was auch wir tun müssen: uns dauernd in der Haltung der Gnadenbitte und der Zerknirschung, ganz wie sie den heiligen Karl Borromäus beseelt hat, zusammen mit Maria in das Herz des Gekreuzigten begeben. Nur so kann man nämlich die Verkalkung des Herzens und des Verstandes auflösen, die bei den einzelnen Menschen, bei Gemeinschaften, bei Gruppen und bei Institutionen unweigerlich immer wieder auftritt. Niemand kann sich vor diesem Rost des Herzens bewahren: einzig und allein die Gesinnung bußfertigen Glaubens und die häufigen Tränen sind es, die sozusagen die Schollen des Geistes feucht halten und die Last unserer Gewohnheiten, unserer Traditionen, unserer Familienbande, unserer Verwandtschafts- und Freundesbande aufwiegen, nicht in dem, was an ihnen schön und erbaulich ist, sondern in dem, wodurch sie hemmend und einschränkend wirken.

Was der heilige Paulus den Galatern geschrieben hat, können auch wir so auffassen, als sei es an uns gerichtet:

„Ihr unvernünftigen Galater, wer hat euch verblendet? Ist euch Jesus Christus nicht deutlich als der Gekreuzigte vor Augen gestellt worden?" – Ihr habt doch mit glühender Begeisterung begonnen! – „Dies eine möchte ich von euch erfahren: Habt ihr den Geist durch die Werke des Gesetzes oder durch die Botschaft des Glaubens empfangen? Seid ihr so unvernünftig? Am Anfang habt ihr auf den Geist vertraut, und jetzt erwartet ihr vom Fleisch die Vollendung. Habt ihr denn so Großes vergeblich erfahren?" (Gal 3, 1–4).

Es ist interessant, festzustellen, daß die Form der Herzensverhärtung, die der heilige Paulus brandmarkt, auch eine Form geistiger Erstarrung ist: die Herzverfettung kann sich auch das Mäntelchen des Gesetzeseifers und einer Härte umhängen, die dem Fehlen der Bußgesinnung als Wandschirm dienen. So kann man auch Verhältnisse und Gegebenheiten erklären, die mitunter in der Kirche entstehen. Denken wir nur, z. B., an den Widerstand gegen das Zweite Vatikanische Konzil, denken wir an die Bewegung, die den Namen des Bischofs Lefèvre trägt und sich in den Mantel der Strenge hüllt, um sich in überlebten Traditionen und Erinnerungen zu wiegen, in dem, was man von den Altvorderen übernommen hat und aus Angst nicht aufgeben will.

Diese Herzenshärte, die sich sogar in den Lauf der Kirchengeschichte eingeschlichen hat, erklärt das Hin und Her – es war in der Betrachtung über die Sünderin im Hause Simons davon die Rede – zwischen äußerer Strenge und Nachgiebigkeit, die in Wirklichkeit nur mangelnde Herzensbekehrung und mangelnde Herzensdemut und -zerknirschung verdecken. Der Eifer für das Gesetz und für den rechten Glauben und der Eifer für die Observanz können eine Rückkehr zu den eigenen menschlichen Gewohnheiten und zum Althergebrachten verschleiern, insofern sie Geborgenheit und Wärme gaben, aber nicht insofern sie Ansporn waren, sich in Gottes Unendlichkeit zu stürzen. Ebenso können die Nachgiebigkeit, die Nachsicht und das umgängliche Entgegenkommen, die die Erfordernisse der Menschlichkeit und der Psychologie auf ihr Banner geschrieben haben, als Tarnung dafür dienen, daß man das Vollkommenheitsstreben aufgegeben hat, zu dem man sich doch verpflichtet hatte.

Wenn wir uns nicht mit den Galatern vom heiligen Paulus vorwerfen lassen wollen: „Ihr wart auf dem richtigen Weg. Wer hat euch gehindert, weiter der Wahrheit zu folgen?" (Gal 5,7), hilft nur eins: die Zerknirschung des Herzens, das Hinüberwechseln zum bußfertigen Glauben des Evangeliums, ohne den es im geistlichen Leben des Einzelnen wie der Gemeinschaften keinen Fortschritt gibt.

Die Entwicklungskrise im geistlichen Leben

Die Entwicklungskrise im geistlichen Leben ist der Hauptgrund für jede andere Krise im Ordensleben.

Phänomenologisch gesehen, ist sie die Reaktion auf die Erfolgserlebnisse der Erstlingsbegeisterung. Sie bringt es nicht fertig, die langen Zeiten des Schweigens auszuhalten, die Maria durchgemacht hat. Nach der ersten Profeß, in der man allerdings der Begeisterung der Gruppe und ihrer Wachstumsdynamik mehr Aufmerksamkeit geschenkt hat als der Barmherzigkeit Gottes, kommt der Stillstand. Man entdeckt, daß man immer noch so viele Fehler hat und daß die Eigenliebe zäh verwurzelt ist. Und die Schuld gibt man dann den andern, dem ungünstigen Milieu, der Kommunität, die schwerfällig, der Theologie, die rückständig ist, dem unzureichenden Bildungsstand, dem zu geringen Einsatzeifer der Gruppe für die Alten, die Armen, die Randexistenzen usw. Wenn wir aber, im Gegenteil, die Schuld nicht bei den andern suchen, versinken wir in Traurigkeit, weil es uns nicht gelingt, uns zu bessern, weil die Exerzitien, die Predigten, die Generalkapitel und die Profeßerneuerungen zu nichts geführt haben. Man sagt sich dann: Ich habe zuviel geträumt, ich hätte mir nichts vormachen dürfen, ich habe mich von der Lektüre der Heiligenleben blenden lassen – wer weiß überhaupt, ob die Heiligen so waren, wie man sie uns schildert! –, Vollkommenheit ist nichts für mich, man sollte lieber realistischer sein und sich mit weniger begnügen. Man kann noch weiter gehen und sagen: Wenn ich gewußt hätte, daß es darauf hinauslaufen würde, daß ich meine Fähigkeiten und meine Talente nicht entfalten könnte, hätte ich vielleicht meinen Entschluß nicht gefaßt, und ich fühle mich jedenfalls heute nach allem, was ich erlebt habe, außerstande, anderen zu meinem Schritt zu raten.

Das sind Symptome für den Ausbruch der Entwicklungskrise im geistlichen Leben.

Es gibt noch gefährlichere Symptome, wie das, die Haltung der Mittelmäßigkeit zu rechtfertigen und plausibel zu machen als einen Kult der Spontaneität oder aber, umgekehrt, der geistlichen Aggressivität. Noch gefährlicher und raffinierter ist es, wenn man es bis zur Leugnung des schlechten Gewissens treibt: Gott liebt mich auch mit meinen Sünden, ich kann sehr wohl mit ihnen leben, der Herr braucht meine Umkehr nicht, er rettet mich auch so.

Früher nannte man diese Erscheinungen Pelagianismus oder Luthreranertum. Zwar stehen heute die Häresien nicht mehr so hoch im Kurs, und die Entwicklungskrise im geistlichen Leben führt uns nicht immer zu häresieähnlichen Konsequenzen, aber sie führt sicher zu einem Resultat, das letztlich all ihren Formen gemeinsam ist: in jeder einzelnen dieser

Verirrungen nimmt man das Gebet nicht mehr ernst. Entweder wird es zur äußerlich perfekten Persolvierung einiger Frömmigkeitsübungen oder zu etwas Vagem und Nebelhaftem, das so zum Ausdruck kommt: Es nutzt doch nichts, wenn ich zum Gottesdienst in die Kirche gehe, den Herrn finde ich auch in der freien Natur und in den Brüdern; also bin ich immer im Gebet.

Worin besteht die Lösung? Darin, daß man das rätselhafte, lange Schweigen Gottes mit Demut, Zuversicht und der Bitte um Gnade akzeptiert; daß man durch das Rote Meer hindurchzieht und aufhört, es auf der Suche nach anderen Wegen oder Auswegen zu umkreisen; daß man sich Jesu sicher ist, unseres barmherzigen Hauptes und Befreiers, der uns liebt, um uns zu bessern und nicht um uns so zu belassen, wie wir sind.

Jesus fällt nicht in Schrecken, wenn wir nach all den Jahren immer noch auf der Stelle treten, er erwartet von uns aber die Bereitschaft, heute wieder neu zu beginnen, als wäre es der erste Tag, als hätte ich heute die Botschaft des Engels empfangen. Und diese sichere Geborgenheit in Jesus findet ihren Ausdruck in der Reue, die immer wieder das Wunder unserer Taufe erneuert. Gottes Barmherzigkeit vergibt siebzigmal siebenmal und läßt sich weder durch die Mutter der Zebedäus-Söhne noch durch Petrus und seine Verleugnung aus der Fassung bringen. Sie ist aber eine Barmherzigkeit, die unter keinen Umständen mit unseren Fehlern und Sünden paktiert. Das ist der Mittelweg, die Lösung der katholischen Askese oder Spiritualität, die an die Kraft der Vergebung und an die erneuernde Kraft der Gnade glaubt. Das geistliche Leben ist also dynamisch und heiligt sich in dieser

Dynamik. Nach dreißig Jahren mag es uns noch so vorkommen, als hätten wir immer noch unsere anfänglichen Fehler: in Wirklichkeit sind wir aber andere Menschen geworden, vom Glauben, von der Liebe, der Demut und der täglichen Buße verwandelt, wenn unser Temperament auch in einigen Äußerungen an der Oberfläche noch zu wünschen übrigläßt.

Mit anderen Worten, der Weg der Buße – und des Bußsakramentes – bewahrt uns vor allen Haltungen, deren wir uns zu unserer Tarnung bedienen, und drängt uns durch den Geist zur vollkommenen und restlosen Hingabe unser selbst an den Vater in Christus.

Man kann zwar auch mit dem Bußsakrament Mißbrauch treiben – und aus diesem Grund ziehen wir uns oft von ihm zurück –, aber der beharrliche Wunsch, uns seiner trotz des Schweigens Gottes zu bedienen, bewahrt uns sicher vor der Herzensverhärtung und erweckt die neutestamentliche Tugend der Wachsamkeit wieder zum Leben, die denen eigen ist, die niemals aufgeben, in die Irre gehen oder den Mut verlieren.

Maria soll uns helfen, in ihr demütiges und allzeit waches Schweigen einzugehen und unser Bußleben als ein Eintauchen in das Blut der Barmherzigkeit Jesu am Kreuz zu führen, der unsere Gerechtigkeit ist.

Mariä Begegnung mit Elisabet

Homilie zu Jes 9,2–4.6f; Lk 1,39–47

Die königliche Würde Mariä, die die Kirche am heutigen Tag (22. 8.) liturgisch feiert, ist ganz auf das Königtum Jesu hingeordnet. Alles, was Maria besitzt und besagt, bezieht sich auf Christus, und auch die Worte der ersten Lesung erinnern an die Worte des Verkündigungsengels, da sie ja das „Kind, das für uns geboren ist ... und auf dem Thron Davids über sein Reich herrscht", in den Mittelpunkt der Aufmerksamkeit rücken.

Maria steht als Königin für die Frau, die zur Fülle dessen gelangt ist, was sie verkörpert, für die höchste Form der Sendung jeder Frau in der Gesellschaft und in der Geschichte. Wenn wir sie als Königin ansehen, können wir verstehen, wieso die Frau dazu berufen ist, auch dahin zu gelangen. Es kommt also darauf an, einige Aspekte des Königtums Mariä aufzugreifen, wie die liturgischen Lesungen sie zeigen.

1. Die *erste Lesung* spricht von Jubel und Freude: „Du erregst lauten Jubel und schenkst große Freude." Diese Steigerung von Jubel und Freude ist es, die das Menschsein auf Erden lebenswert macht. Jubel und Freude bei besonderen Anlässen: einmal im Jahr bei der Ernte; einmal alle paar Jahre, wenn Siegesbeute zur Verteilung kommt.

In den vorliegenden Fällen jubelt sogar der normalerweise nüchterne Mann vor Freude auf: das zeigt der

Tanz der Erntearbeiter ob der reichen Ernte oder das Lied der Soldaten beim Verteilen der Beute.

Maria ist Königin, weil sie das Menschsein um das unentbehrliche „Mehr" bereichert, um die Überfülle der Freude, des Miteinanders, der Zufriedenheit, des Aufatmens der Natur und des Herzens. Daß sie Königin ist, bedeutet, daß sie alles, was man unbarmherzig muß, mit einer Krone schmückt: ohne sie bleibt alles blaß, verschwommen, flach, farb- und reizlos.

Dieses unentbehrliche „Mehr" zeigt sich vor allem im Bereich der menschlichen Beziehungen, in dem man am ehesten das für sie typische Vorhandensein oder Nicht-Vorhandensein von Menschlichkeit spürt. Da denke ich daran, wieviel Kontaktunfähigkeit es heute in der Gesellschaft gibt und wieviel Frustration daraus entsteht! Ich denke an die Familien – und das sind nicht wenige –, in denen es kein echtes Einvernehmen, keine wechselseitige Herzlichkeit und kein Miteinander im Gespräch gibt.

Anderseits ist echte Selbstmitteilung schwierig, denn sie erfordert Diskretion und Achtung vor dem Geheimnis des andern. In den sechziger und siebziger Jahren hat uns die Psychologie von jenseits des Atlantik durch Schriften, Forschungen und Experimente das Gruppengespräch ins Haus gebracht. Es bestand aus Therapie-Sitzungen und Methoden, die manchmal zum Erfolg führten, da sie auf Arbeiten namhafter Psychologen beruhten: ich selbst erinnere mich noch, an solch einem Gesprächskreis teilgenommen und davon bis zu einem gewissen Grad auch profitiert zu haben. Wenn man für zwölf Tage gezwungen ist, von morgens bis abends mit einer Gruppe von Menschen zusammenzuleben, so löst das mit Sicherheit die Mechanismen der „Gruppenkommunikation" aus und es macht mit der „Gruppendynamik" vertraut.

Allerdings gab man sich da im Grunde einer Täuschung hin, wenn das in all der psychotherapeutischen Kommunikationsbeflissenheit damals vielleicht auch nicht gesagt wurde: ein Mensch ist nämlich im Grunde etwas Unaussprechliches, da er singulär und unwiederholbar ist und ein unaussprechliches Geheimnis in sich trägt, zu dem man sich den Zugang nicht erzwingen, sondern das man nur in Liebe gelten lassen kann.

2. Die *zweite Lesung* zeigt uns Maria als Königin der Verständigung und des herzlichen Entgegenkommens.

Das Geheimnis der Heimsuchung ist tatsächlich das Geheimnis der Verständigung zwischen zwei Frauen unterschiedlichen Alters, unterschiedlichen Milieus und unterschiedlichen Wesens und ihrer von gegenseitiger Hochachtung getragenen Herzlichkeit.

Zwei Frauen: jede von ihnen ist Trägerin eines Geheimnisses, das sich der Mitteilung versagen möchte, des intimsten und tiefsten Geheimnisses, dessen eine Frau auf der Ebene des natürlichen Lebens innewerden kann: der Erwartung eines Kindes.

Elisabet fällt es schwer, davon zu reden, weil sie schon so alt und alles so neu und ungewohnt ist.

Maria fällt es schwer, weil sie niemand in die Worte des Engels einweihen kann. Wenn Elisabet sich dem Evangelium zufolge für einige Monate in eine gewisse Einsamkeit zurückgezogen hatte, so ist die Einsamkeit Mariä unendlich viel tiefer. Sie ist vielleicht einer der Gründe für die „Eile" ihres Aufbruchs: sie muß sich mit jemand aussprechen, der sie versteht, und bei den Worten des Engels ist ihr aufgegangen, daß Elisabet dafür am ehesten in Frage kam. Sie bricht so schnell auf, weil sie Hilfe braucht, und nicht nur weil sie der Base beistehen will, und es ist ein schöner Gedanke, daß Maria willens ist, sich helfen zu lassen.

Bei der Begegnung der beiden Frauen zeigt sich Maria als Königin, als sie zuerst grüßt, und weiß als Königin andern die Ehre zu geben, da ihr Königtum in liebenswürdiger Zuvorkommenheit besteht, ein Königtum, das jede Frau besitzen sollte. Und ihre Aufmerksamkeit führt zu einer ungeahnten Folge: „Als Elisabet den Gruß Marias hörte, hüpfte das Kind in ihrem Leib.“ Elisabet fühlt sich ganz und gar verstanden, und was ihr vorher Anlaß gab zur Furcht, wird nun zur Freude. Sie begreift sich selbst als Freude, als Frohlocken über ihren Sohn, begreift zugleich aber auch das Geheimnis, von dem Maria ihr noch nichts gesagt hat: „Gesegnet bist du mehr als alle anderen Frauen, und gesegnet ist die Frucht deines Leibes!“ Eigentlich hätte sie sagen müssen: Ich bin voller Freude. Doch statt von sich selbst zu sprechen, sagt sie eher Maria, und das mit der Eindringlichkeit, mit der sie von sich selbst spricht, wer sie ist: die mehr als alle anderen Frauen Gesegnete.

Wir können uns leicht das Frohlocken und das Erstaunen Mariä vorstellen, als sie sich, ohne auch nur ein Wort gesagt zu haben, verstanden, aufgenommen, anerkannt, geliebt und hochgeehrt sieht.

„Wer bin ich, daß die Mutter meines Herrn zu mir kommt?“ Elisabet weiß alles, hat alles begriffen. Hat sie denn eine Offenbarung gehabt? Keineswegs: sie hat sich nur auf den Gruß Mariä eingelassen und sie dank dieses Grußes begriffen und voller Freude bei sich aufgenommen: „Selig ist die, die geglaubt hat, daß sich erfüllt, was der Herr ihr sagen ließ.“

Maria sieht sich gelobt für etwas, das eigentlich

ihre ureigenste Angelegenheit war: sie hatte dem Wort Glauben geschenkt, sie hatte sich ganz in ihr „Fiat" gegeben und darin ihr Leben zusammengefaßt, sie hatte die Furt des Glaubens bewältigt und sich ganz dieser neuen Seins- und Lebensweise überlassen. Da findet nun ihr Glaube, der für andere unerklärlich war, auf einmal anerkennende Bestätigung.

Das Geheimnis der Heimsuchung hat also ein sich gegenseitiges Durchdringen zweier Seelen zum Inhalt, ein aufeinander Eingehen von äußerstem Takt, das nicht mit einer Menge von Worten zerredet wird und schon mit Andeutungen von Licht, von Fackeln in der Nacht, eine gegenseitige Verständigung und Würdigung in vollendeter Form ermöglicht.

Das ist das königliche Gebaren, das Maria vor allem durch diejenigen in die Geschichte und in die Menschheit bringt, die ihr durch die Weihe ihres Lebens an Gott auf den Glauben an sein Wort hin aus nächster Nähe folgen. Ihnen gibt Maria die Gnade, Königinnen zu sein und so wie sie das Heil in der Geschichte zum Ausdruck zu bringen.

„O Maria, laß uns dich erkennen und begreifen, damit wir von dir lernen, wie man herrscht und Heil bringt! Laß uns in der Kirche Königinnen der Verständigung sein, der wachen, diskreten, aufrichtigen und wahren Verständigung, nach der sich heute das Herz des Mannes und der Frau vielleicht am meisten sehnt. Du weißt, daß sich dieser Sehnsucht anscheinend gigantische Hindernisse in den Weg stellen, sozusagen Burgen aus Qualm, die eine Verständigung auf der Ebene der Wahrheit und der Menschlichkeit vereiteln. Laß uns und unsere Gemeinschaften so sein, wie du gewesen bist, so sein, wie du uns haben willst."

Kontemplation

Marta und Maria (Lk 10,38–42)

„Maria, Mutter Jesu und unsere Mutter, wir stellen uns mit dir unter das Kreuz deines Sohnes mit dem Wunsch, daß du uns in das Geheimnis seines Lebens und seines Todes eingehen, in seinem Herzen verweilen und als Hörende und Schauende zu seinen Füßen bleiben läßt. Wecke in uns die Herzensanteilnahme am Leiden Christi und der Welt, die die deine war, Maria.

Du siehst, wie unzulänglich unsere Worte und wie weit unsere Begriffe von der Wahrheit entfernt sind, die du lebst. Hilf uns allen, hilf allen, die jetzt ihre Rundfunkempfänger eingeschaltet haben, allen Konventen und Klöstern, sich mit unserem Gebet und unserer Anbetung zu vereinen. Gib uns in deinem Sohn durch die Gnade des Heiligen Geistes die Freude, die wir von der Macht des Vaters inständig erbitten. Amen."

Marta und Maria

Die Szene aus dem Evangelium, die wir nun betrachten wollen, ist ganz bekannt und wird uns vom Evangelisten Lukas berichtet:

„Sie" – nämlich Jesus und die Apostel – „zogen zusammen weiter, und er kam in ein Dorf. Eine Frau namens Marta nahm ihn freundlich auf. Sie hatte eine

Schwester, die Maria hieß. Maria setzte sich dem Herrn zu Füßen und hörte seinen Worten zu. Marta aber war ganz davon in Anspruch genommen, für ihn zu sorgen. Sie kam zu ihm und sagte: Herr, kümmert es dich nicht, daß meine Schwester die ganze Arbeit mir allein überläßt? Sag ihr doch, sie soll mir helfen! Der Herr antwortete: Marta, Marta, du machst dir viele Sorgen und Mühen. Aber nur eines ist notwendig. Maria hat das Bessere gewählt, das soll ihr nicht genommen werden" (Lk 10,38–42).

Diese Stelle hat uns psychologisch, menschlich, religiös und theologisch so viel zu sagen, daß wir mit der Betrachtung der Verhaltensweisen, die hier zur Darstellung kommen, fast einen ganzen Exerzitienkurs ausfüllen könnten. Ich beschränke daher meinen Vortrag auf die folgenden Punkte:

– Wer ist Marta? – Wer ist Maria? – Wer sind wir?

Marta

Marta ist offenbar die Hausherrin, da sie namentlich als die Frau erwähnt wird, deren Haus Jesus mit seinen Jüngern aufsucht: sie ist also für den ganzen Haushalt verantwortlich.

Auch wenn man die Geschichte von der Auferwekkung des Lazarus im Johannesevangelium (11,1–43) liest, hat man den Eindruck, daß Marta die ältere der beiden Schwestern ist.

Schon aus diesem Grunde hat Marta recht: als Hausherrin muß sie den Gast ehren und alles daransetzen, daß ihm nichts fehlt. Sodann ist der Gast nicht allein gekommen, was natürlich noch mehr Umstände macht: es herrscht ein wenig die Atmosphäre atemloser Aufregung, da doch alles wie am Schnürchen klappen und es an den üblichen Aufmerksamkeitserweisen nicht fehlen soll. Marta hat sich also zum Ziel gesetzt, als würdige Gastgeberin zu glänzen, und so setzt uns ihre Sorge, das nicht zu schaffen, keineswegs in Erstaunen.

Das ist also die nicht ungewöhnliche Situation. Dahinter entdecken wir aber, daß Marta eigentlich etwas kultiviert, was man als männliches Leistungsideal bezeichnen könnte, zwar auf die Haushaltsführung angewandt, aber immerhin ein Erfolgsdenken; es *muß* klappen, alles *muß* ganz so gemacht werden, wie es sich gehört. Und da passiert es, daß das Leistungsideal, das sie so zäh verfolgt, sie auf einmal dahin bringt, daß sie den springenden Punkt der Situation aus dem Auge und damit die Übersicht verliert. In ihrer Aufregung, sich der Lage gewachsen zu zeigen, sieht sie gar nicht mehr, worum es geht, und wir entdecken sogar, daß alles sich komischerweise ins Gegenteil verkehrt: sie will Jesus als Gast ehren und macht ihm auf einmal Vorhaltungen!

Marta lag das hohe Ideal der jüdischen Gastfreundschaft am Herzen. Es war patriarchalisch – für den Juden ist der Gast König und Herr: er sitzt am Ehrenplatz. Ihr Bemühen, diesem Ideal um jeden Preis zu entsprechen, läuft dann darauf hinaus, daß sie selbst den Platz des Gastes einnimmt und ihn kommandiert, als wäre er einer ihrer Dienstboten: „Sag ihr doch, sie soll mir helfen!" Das hat Marta sich eingebrockt durch ihr an sich begründetes und unbeugsames Leistungsstreben: sie hat alles ins Gegenteil verkehrt und von Jesus nichts mehr verstanden. Sie ist jetzt ganz aufgeregt, als sei Jesus einzig eines guten Gastessens wegen gekommen, während man Jesus ehrt, wenn man ihn als den Meister anerkennt. Dazu hat es keiner langen Periode geistlichen Niedergangs bedurft: im Lauf von zwei, drei Stunden hat sie diesen Sachverhalt aus den Augen verloren, und das Gelingen, das ihr vorschwebte, hat ihr den Blick verstellt und ihr die Übersicht genommen, die es der Gottesmutter beim Hochzeitsmahl zu Kana ermöglicht, die Lage richtig einzuschätzen. Lukas sagt mit großem psychologischem Einfühlungsvermögen, daß die viele Haushaltsarbeit sie in Anspruch nahm: daher entging ihr der eigentliche Sinn des Geschehens.

Maria

Maria ist die jüngere Schwester, und es ist klar, daß sie helfen muß. Da hat Maria recht: die jüngere Schwester müßte ihr zur Hand gehen, ohne sich um Jesus und die Apostel zu kümmern.

Aber was tut Maria? „Sie setzte sich Jesus zu Füßen und hörte seinen Worten zu." Hier kommt es auf jedes Wort an.

„Jesus zu Füßen", heißt, sie ehrt ihn als Meister und zeigt so, daß sie die Absicht Jesu völlig begriffen hat: er kommt als Meister, und sie nimmt ihn als solchen auf.

„Sie hörte seinen Worten zu": Jesu größter Wunsch besteht doch darin, die Botschaft des Gotteswortes zu bringen. An Maria erfüllt sich die Seligpreisung des Evangeliums: „Selig, die das Wort Gottes hören und danach handeln." Sie hat die Lage, das, worauf es ankommt, erfaßt und die Gelegenheit beim Schopf ergriffen wie Maria mit ihrer Kombinationsgabe in Kana.

Ich glaube, diese Frau heißt in der geheimnisvollen Sprache der Heiligen Schrift nicht von ungefähr Maria und ist ein Symbol Mariä, der Mutter Jesu und Hörerin des Gotteswortes in der Stille.

Hier wird sie für uns wie zu einem Glasfenster, aus dem Maria von Nazaret in ihrem geheimnisvollen Schweigen aufleuchtet. Über ihre tätige Rolle im Leben Jesu und über ihr Wirken in der Urkirche wird praktisch nichts berichtet. Die Mutter Jesu bleibt für uns die *Hörende,* ein Bild der Menschheit und der Kirche, die „auf Empfang stehen"; ein Bild der Grundhaltung des Menschen, den man in seiner Ur-Offenheit für das Übernatürliche als „Hörer des Gotteswortes" definieren kann. Hier erscheint sogar umrißhaft das Geheimnis der Menschheit, die ganz sie selber ist, wenn sie Jesus zu Füßen sitzt und seinem Wort zuhört. Diese Fähigkeit, still zuzuhören, schließt natürlich andere Anlagen nicht aus, die jedoch von ihr her ihren Sinn erlangen.

Maria von Betanien ist also ein Bild für Maria von Nazaret und zugleich auch für die Berufung zur Ordensschwester, die die Fähigkeit des schweigenden Hörens auf das Gotteswort mit einschließt, damit die Menschheit dazu kommt, die Größe ihrer eigenen Berufung zu erkennen und Gott gegenüber eine hörende Haltung zu beziehen.

Wir alle müssen uns im Spiegel Mariä sehen und den Wert, den sie dem Tun beimißt, mit dem vergleichen, den sie dem Hören beimißt: nicht, um die beiden Haltungen gegeneinander auszuspielen, sondern um sie aufeinander abzustimmen, wie es der jeweiligen Berufung entspricht, damit das Hören immer den Vorrang behält.

Von der Meditation zur Kontemplation

Für unser praktisches Leben sind zwei Aspekte des Geschehens von Bedeutung, die ich unterstreichen möchte. Der erste ist der Weg von der Meditation zur Kontemplation, und wir können da den Tadel Jesu noch einmal aufgreifen: „Marta, Marta, du machst dir viele Sorgen und Mühen. Aber nur eines ist notwendig".

Beachten wir, wie liebevoll Jesus spricht: er nennt Marta zweimal beim Namen, spricht sie zweimal persönlich an.

Das ist eigentlich kein richtiger Tadel, sondern eine Spiegelung, die ihr die Augen öffnen soll: dieser Frau wird ein Spiegel vorgehalten: Was machst du denn? Du machst dir viele Sorgen und Mühen!

Einzig die Situation wird ihr ins Bewußtsein gerufen, ohne ein Wort des Unmuts oder der Kritik. Und Jesus bedient sich dabei einer Ausdrucksweise, die vom Evangelium her ekklesial und mystisch voller Bedeutung ist.

Wir können darin zwei Weisen erblicken, Jesus zu dienen. Die eine kann man als *Dienst am Gottesreich* bezeichnen: sie ist gut und unentbehrlich. Alle Getauften sind aufgerufen, sich für die Sache des Gottesreiches einzusetzen und sich ihr mit Leib und Seele zu verschreiben. Die Weihe an Gott durch die Profeß verpflichtet sodann ganz besonders zu diesem Dienst. Mit ihm ist notwendigerweise eine Unzahl konkreter Tätigkeiten verbunden, die an sich gut sind, solange sie im Rahmen des Dienstes am Gottesreich bleiben. Schulunterricht, Hausputz, Küchenarbeit, Studium, Krankenpflege, Jugendarbeit, Gebetsunterweisung, Sprechstunden für Menschen, die mit ihren Sorgen zu uns kommen, usw., alles ist notwendig.

Allerdings gibt es in all diesen Tätigkeiten eine zweite Weise, für die sie nur den Ausgangspunkt bilden und in der sie zur Einheit zusammenfinden: den Dienst am König, an Jesus persönlich. Der Fortschritt im geistlichen Leben richtet sich nach dem Maß, in dem unsere Fähigkeit, die vielen Aufgaben auf den gemeinsamen Nenner der Anbetung und des liebevollen Dienstes an dem Einen zu bringen, ständig wächst. Zwar folgt man Jesus in Liebe von Anfang an, aber unsere psychische Spannkraft für den Arbeitstag richtet sich unweigerlich nach der Vielzahl unserer Aufgaben; und ohne Mühe, ohne innere Zucht und ohne besondere Gnade gelangt man nicht zu der Sammlung, deren wichtigstes Anliegen darin besteht, vor allem dem Herrn zu dienen, ihn anzubeten, zu lieben, zu preisen und auf sein Wort zu hören.

Auf diese zweite Ebene kommt es an. Auf ihr erhält alles andere seinen Sinn. Sie bewirkt und weckt die Haltungen der Freundlichkeit, des Friedens und der Freude, die Frucht des Heiligen Geistes sind.

Beide Ebenen haben nun im Rahmen der geistlichen Übung, die man mit Recht so bezeichnen kann, d.h. des Gebetes, ihre Bedeutung: man nennt sie da Meditation und Kontemplation.

– *Meditation* ist die Übung, die von der betenden Lektüre der Heiligen Schrift ihren Ausgang nimmt und dann erwägt, was der Text alles für mich bedeuten kann. Für sie ist also die Vielfalt der Gegenstände, Gedanken, Erwägungen und Vorsätze bezeichnend, und es führt kein Weg an ihr vorbei. Sie ist sogar schon eine große Gnade Gottes, denn sie weckt in dem, der sie übt, durch die Kraft des Heiligen Geistes

Haltungen der Liebe, der Wahrheit, der Gerechtigkeit, der Keuschheit, der Vergebung, der Barmherzigkeit, der Freude, der Geduld, des Langmuts und des Weitblicks.

Wenn man geistlich zur Reife gelangen will, ist die Meditation unerläßlich und daher auch von grundlegender Bedeutung für das Ordensleben und die Noviziatserziehung. Wenn wir jedoch die Meditation als Selbstzweck ansähen, würden wir wie Marta Gefahr laufen, uns zu verlieren und zu vergessen, daß es um die Sammlung auf das Eine hin geht.

– *Die Kontemplation* ist es, die die verschiedenen Tätigkeiten der Meditation eins werden läßt: sie besteht darin, auf den Herrn zu schauen, auf Jesus, das A und O aller Worte Gottes. Auf ihn zu schauen, sich über alles Denken hinaus mit ihm zu begnügen, von ihm persönlich zu leben, sich zu ihm hinziehen zu lassen und in ihm das Antlitz des Vaters zu schauen.

Die Kontemplation ist reines Geschenk Gottes, und es ist klar, daß wir sie nicht in uns erzwingen können: es ist falsch, durch die Hintertür und ohne die Mühe vorheriger Meditation zu ihr gelangen zu wollen. Man muß in aller Demut den Weg gehen, der bei der Lesung der Heiligen Schrift beginnt und über die Meditation führt, die sich ganz allmählich immer mehr läutert und uns der Gabe des Geistes öffnet. Auf einmal kommt dann für uns der Augenblick im geistlichen Leben, in dem der Blick sich ganz auf den Gekreuzigten sammelt, ihn schaut, ihn anbetet, ihm zuhört.

Niemand darf von sich behaupten, er befinde sich an diesem oder jenem Punkte dieses Weges, und jeder muß mit Hilfe seines Seelenführers feststellen, wann sein Augenblick gekommen ist. Natürlich steht es

Gott immer völlig frei, einer Seele unmittelbaren Zugang zur Kontemplation zu gewähren und sie die normalen Zwischenstufen überspringen zu lassen.

Wenn wir in der Lebensbeschreibung der heiligen Theresia vom Kinde Jesus lesen, wie mühsam es für sie war, zu meditieren und den geistlichen Übungen zu folgen, und welche Trockenheit sie dabei auszustehen hatte, begreifen wir, daß ihr schon von Anfang an die Gnade eines lauteren kontemplativen Gebetslebens geschenkt worden war.

Doch möchte ich wiederholen, daß es gefährlich wäre, zur Kontemplation gelangen zu wollen und dabei Schriftlesung und Meditation zu vernachlässigen: vor allem in einem tätigen Ordensberuf ist es sehr wichtig, sich reichlich von den vielen „Worten Gottes" zu nähren, um einmal, wenn nach dem Willen des Herrn der Augenblick gekommen ist, in Wahrheit und Demut das Wort schauen zu können, das in allen „Worten Gottes" gegenwärtig ist und hinter ihnen steht.

Die Haltungen Martas und Marias sind also keine Gegensätze, sondern sie ergänzen sich und sind aufeinander hingeordnet. Die Aufmerksamkeiten Martas ermöglichen Maria das Zuhören, und Marias Zuhören verleiht den Aufmerksamkeiten Martas Richtung und Einheit.

Jungfräulichkeit nach dem Evangelium

Der zweite Aspekt des Geschehens, den ich für unser praktisches Leben unterstreichen möchte, legt sich uns in einem Wort nahe, das schwer zu übersetzen ist:

„Marta aber war ganz davon in Anspruch genommen, für ihn zu sorgen", griechisch: „ἡ δὲ Μάρθα περιεσπᾶτο περὶ πολλὴν διακονίαν". Das Verb περιεσπᾶτο besagt, „sie wurde hin und her gerissen, umgetrieben". Es handelt sich um die Streßsituation eines Menschen, der sich tausend Aufgaben gegenübersieht und in dem Bestreben, es um jeden Preis zu schaffen, vor Anstrengung den Atem anhält.

Das Wort kommt im Neuen Testament nur hier vor. Es gibt allerdings eine Stelle, an der sich der entgegengesetzte Begriff findet: „ἀπερισπάστως", ohne aufreibenden Streß und, infolgedessen, ungestört. Sie steht im ersten Korintherbrief des heiligen Paulus:

„Das sage ich zu eurem Nutzen: nicht um euch eine Fessel anzulegen, vielmehr, damit ihr in rechter Weise und ungestört immer dem Herrn dienen könnt" (1 Kor 7,35).

Was hier mit „ungestört" wiedergegeben wird, lautet griechisch „ἀπερισπάστως", ohne außer Atem zu geraten. Damit ist unser ganz ungestört auf Jesus, den Herrn, hin gesammeltes Leben gemeint. Das ist es, was der heilige Paulus psychologisch als das Wesen der Jungfräulichkeit hinstellt.

Unter christlicher Jungfräulichkeit, deren innerstes Geheimnis in der Gestalt Marias von Betanien aufleuchtet, versteht man also die Ganzhinwendung zum Herrn. So schreibt denn der Apostel ebenfalls im ersten Korintherbrief: „Denn ich sage euch, Brüder: Die Zeit ist kurz. Daher soll, wer eine Frau hat, sich in Zukunft so verhalten, als habe er keine, wer weint, als weine er nicht, wer sich freut, als freue er sich nicht, wer kauft, als würde er nicht Eigentümer, wer sich die Welt zunutze macht, als nutze er sie nicht; denn die Gestalt dieser Welt vergeht. Ich wünschte aber, ihr wäret ohne Sorgen. Der Unverheiratete sorgt sich um die Sache des Herrn; er will dem Herrn gefallen ..." (7,29–32).

Christliche Jungfräulichkeit ist nicht einfach Verzicht auf die Ehe – wäre sie das, so könnten wir sie mit den Worten „niemand gehören, um allen zur Verfügung zu stehen" definieren –: sie ist vielmehr *bräutliche Jungfräulichkeit,* ein „dem Herrn Gehören".

Daraus ergibt sich ein gar nicht so einfaches Problem: Ist es sinnvoll, im Zusammenhang mit der Jungfräulichkeit von Brautschaft zu sprechen, oder führt das nicht zu anthropologischen oder soziologischen Verwirrungen, aus denen man nur schwer wieder herausfindet? Ich glaube, daß man für solche Definitionen niemals Worte aufs Geratewohl verwenden darf und ihre Bedeutung ganz genau erklären muß. Was heißt hier „Brautschaft"? Wenn man sie nicht einfach als Geschlechts- oder Leibbezogenheit definieren will, sondern eher als Personbezogenheit, können wir sagen, daß *die Brautschaft darin besteht, auf jemand bezogen zu sein,* ein Selbstverständnis zu besitzen, das sich auf jemand bezogen weiß. So definiert, wendet sie sich vom Innersten her an das Geheimnis der Person und deutet sogar das Geheimnis der allerheiligsten Dreifaltigkeit an. Ist der Vater doch derjenige, der auf den Sohn bezogen ist; der Sohn derjenige, der auf den Vater bezogen ist; der Geist derjenige, der auf den Vater und den Sohn bezogen ist.

Diese geheimnisvolle bräutliche Begabung kann eine große Rolle in den innersten Bereichen der Personstruktur spielen, sie erklären und ihren Lebenshorizont bestimmen.

Christliche Jungfräulichkeit besteht also darin, daß man sich nicht nur als in sich und für sich existierend auffaßt, sondern sich kraft eines frei gesetzten gegenseitigen Aktes auf Christus bezogen weiß. So dringt die christliche Jungfräulichkeit umfassend und tief in das persönliche Leben ein.

Das alles spielt, übrigens, auch auf einen heilsgeschichtlichen Sachverhalt an: Jesus hat sich aus freien Stücken auf ein Volk hin bezogen wissen wollen und hat gewollt, daß ein Volk sich aus Gnade, aus freiem Entschluß und aus Liebe auf seinen Gott hin bezogen sähe. *Das ist das Geheimnis des Bundes, der letztlich auf der Formel beruht: „Ich bin dein Gott, du bist mein Volk".* Das ist, als ob man sagte: „Ich bin dein, und du bist mein". Der Bund wird ja in der Heiligen Schrift nicht selten als symbolische Brautschaft dargestellt: denken wir nur an das Hohelied, an das Buch Hosea und die Gottesreichgleichnisse Jesu, die auf die Hochzeit anspielen.

So etwas zu „sagen" ist nicht leicht: mit Worten berührt man die Blüte nur flüchtig, und das in doppeltem Sinne: wir erreichen sie nur äußerlich und laufen Gefahr, sie um ihre Blütenblätter und um ihren Duft zu bringen. Nur das Gottesgeschenk der Kontemplation erschließt uns den Blick auf das Geheimnis der Brautschaft, das das Wesen der gottgeweihten Jungfräulichkeit ausmacht und darüber hinaus auch zum Quell wird für die innere Haltung und die Strenge im Denken, Handeln, Reden und Benehmen, zur Lebensform und zum Wesen des lebendigen Menschen. Das soll uns der Geist der Brautschaft lehren, der Herz und Schoß Mariä erfüllt und den Sohn zeugt; der Geist, der in das Geheimnis unser selbst eingeht und uns dazu führt, in der göttlichen Fülle und Fruchtbarkeit des Bundes zu leben und Christus in den Herzen und im Schicksal der Menschen geistlich zu zeugen.

Gottes Geschenk

Homilie zu Ez 36,23–28; Mt 22,1–14

Die Ezechielstelle Kap. 36, Vers 23–28 zählt zu den Höhepunkten des Alten Testaments, und man spürt in ihr den Atem des Heiligen Geistes: sie steht in der großen Weissagung, die unter dem Namen „Weissagung über Israels Berge" bekannt ist und mit den Worten beginnt: „Sprich als Prophet zu den Bergen Israels, und sag: Ihr Berge Israels, hört das Wort des Herrn!"

Die liturgische Lesung vom Donnerstag in der 20. Woche im Jahreskreis weist eine grammatikalische Besonderheit auf, die man schon beim Hören wahrnimmt. Die Verben stehen alle in der ersten Person: ich werde heiligen ... ich werde mich erweisen ... ich hole ... ich sammle ... ich bringe ... ich gieße ein ... ich reinige ... ich schenke ... ich lege ... ich nehme weg ... ich gebe ... ich bewirke, daß ihr folgt ... ich bewirke, daß ihr beobachtet ...

Nur der Schluß hat das Verb nicht in der ersten Person. Er ist die Bundesformel, die Formel des gegenseitigen Verlöbnisses: „Ihr werdet mein Volk sein, und ich werde euer Gott sein."

Die Bundesformel entspringt also nicht menschlichen Vorstellungen und menschlicher Initiative: sie ist die Frucht, zu der eine Dauerinitiative Gottes führt, in der Gott allein in der ersten Person handelt. Gott handelt zum Besten seines Volkes und bedient sich dazu seiner Macht; er handelt tief in den Herzen und erneuert von innen her Mensch und Gesellschaft; er handelt im Hinblick auf die Geschichte aller Völker und auf die Gesetze, die den Weg eines einzigen Volkes betreffen, und er handelt, indem er diese Gesetze in die Herzen legt.

Es ist die Grundwahrheit der biblischen Offenbarung, daß Gott handelt, macht und wirkt.

Wenn wir sie, von uns aus gesehen, umkehren, könnten wir sie folgendermaßen zum Ausdruck bringen: wir haben so manche Aspekte des gottgeweihten Lebens behandelt, und doch lehrt uns unsere geistliche Erfahrung, daß wir sie eigentlich nie praktizieren: wir bewältigen die Furt des Glaubens nicht und kommen nicht zum bußfertigen, demütig bittenden Glauben des Evangeliums, wir schaffen den Weg von der Meditation zur Kontemplation nicht und sorgen uns immer noch um die tausend Aufgaben, aber nicht um den König. Wie sehr wir uns auch anstrengen, es bleibt oft der Eindruck einer Rückkehr zum Ausgangspunkt zurück, der immer noch diesseits des Roten Meeres liegt.

Nun beginnt aber die Furt des Glaubens oder der Weg zum König mit der demütigen Überzeugung, daß Gott es ist, der handelt; in der Sicht der „göttlichen Tugend" des Glaubens – Gott hat Himmel und Erde erschaffen, er ist es, der alles wirkt – haben wir diese Überzeugung schon immer, aber sie ist in uns nicht Quell geistlichen Lebens. Das wird sie erst in dem Augenblick, indem uns nach all den Mühen und Anstrengungen, nach allem Kopfzerbrechen aufgeht, daß der Dienst am König *Geschenk* ist, daß die Kontemplation *Geschenk* ist, daß die jungfräuliche Herzensbindung an Jesus *Geschenk* ist, daß die Bewältigung der Furt des Glaubens *Geschenk* ist.

So verstanden, hat die Stelle aus dem Propheten

Ezechiel grundsätzliche Bedeutung: sie konfrontiert uns mit dem Angelpunkt des ganzen christlichen und evangeliengemäßen Strebens nach Vollkommenheit. Gott ist immer der Erste, sein Primat ist absolut und unantastbar; unser „Mitwirken" ist notwendig, aber in dem Maß, in dem wir davon überzeugt sind, daß Gott es ist, der da wirkt. Sogar unser „Mitwirken" ist sein Geschenk, *und es ist auch sein Geschenk, das alles einzusehen.*

Wir sind geschaffen zum Lob seiner Herrlichkeit und seiner grenzenlosen Barmherzigkeit, denn er ist es, der rettet, der uns zuerst liebt und uns zum bräutlichen Bund beruft, indem er uns die geheimnisvolle Bedeutung seiner Worte erschließt. Er hat die Heiligen den Weg der hingebungsvollen Treue, des Opfers und der Jungfräulichkeit gehen lassen: er allein ist groß, ihn allein sollen wir preisen.

Wir sind wie die Brautleute von Kana, die, ohne es zu wissen, Gegenstand einer mütterlichen Sorge und eines Eingreifens der Macht Christi waren, dessen Auswirkung sie nicht kannten: auch diese Entdekkung ist Geschenk und eröffnet uns den Zugang zur Erkenntnis des Geschenkcharakters unseres Glaubenslebens. Wir sind Gegenstand einer mütterlichen Sorge und eines Eingreifens der Macht Christi, dessen Auswirkung wir nicht kennen, und das uns wie die Brautleute von Kana zum Heilszeichen für die ganze Welt werden läßt.

Die Fähigkeit, diesen Sachverhalt mit den Augen der Kontemplation zu sehen, verhilft uns dazu, die Dinge in den Griff zu bekommen, die uns dauernd so viel zu schaffen machen, wenn wir sie ins Gleichgewicht und mit unserem Leben, so wie es ist, in Einklang bringen wollen. Unser Leben wird dann zwar nicht anders, wohl aber das Licht, in dem wir es sehen: wenn uns die Augen aufgegangen sind, haben wir verstanden, welche Liebe sich um uns müht und welche Berufung uns anvertraut ist.

„Maria, laß uns im Geheimnis der Eucharistie, der Gabe Gottes, die auch unseren Mund und unseren Leib erreicht, erkennen, welche Liebe sich um uns müht! Laß uns begreifen, daß das geistliche Leben einfach ist." Wir sind es, die es schwierig machen, weil wir unser Vollkommenheitsideal in einer leiblichen Fertigkeit suchen, die dauernder Ausbalancierung bedarf.

Das menschliche Leben ist so schwierig wie der Aufstieg durch eine Felswand, bei dem alles darauf ankommt, daß keine Bewegung auch nur im geringsten das Gleichgewicht stört. Sobald man aber die Bewegungsabläufe erlernt hat, erfüllt der Aufstieg mit Freude. Mit Freude, nicht mit Sorglosigkeit, denn man weiß, daß schon der kleinste Fehler zum Absturz in den Abgrund führen kann! *Das menschliche Leben ist eine einfache Schwierigkeit,* in der alles einfacher wird, wenn man seine ganze Existenz als Geschenk annimmt. Gott bleibt dann der Einzige, den man anbetet, in der Kontemplation schaut, den man liebt und dem man dient. Alles andere ist eine Frage des Gleichgewichts beim Aufstieg, bei dem die Freude am Werk uns hilft, nach oben zu schauen und nach dem einen Notwendigen zu streben.

„Maria, hilf uns, unser Leben einfach zu machen in der bräutlichen Umarmung des einzigen Herrn, der uns ganz annimmt und jeden Augenblick unseres Daseins in einer unsäglichen Harmonie aufgehen läßt, der Harmonie des Gottesreiches.

Befreie uns aus der Gefahr, zu glauben, wir könnten zum einfachen Leben gelangen, wenn wir unser Vertrauen auf besondere kleine Frömmigkeitsübungen oder Ideen setzen, die uns vorschweben.

Laß uns schon in der Eucharistie die Umarmung und das Reich kosten, in dem Gott alles in allen ist; und gib uns auch die Fähigkeit, dafür dankzusagen. Amen."

Opfergeist und Ganzhingabe

Die Magd des Herrn (Lk 1,26–38)

Bevor wir die Verkündigungsszene aus dem Lukasevangelium zum Gegenstand unserer Betrachtung machen, sollten wir zunächst einmal im Schweigen verharren. Denn ich fürchte mich zu reden, wie Mose sich gefürchtet hat, den brennenden Dornbusch anzuschauen. Im ersten Augenblick ist er zwar, von Verwunderung getrieben, nähergetreten – nach den Worten eines Kirchenvaters: „curiosius desiderans introire – in dem Verlangen, die merkwürdige Erscheinung eingehender zu prüfen" –, verhüllte aber dann das Gesicht mit seinem Gewand, weil er sich fürchtete, Gott anzuschauen.

Das ist das Gefühl, das mich im Augenblick befällt, denn die Verkündigung ist wie ein brennender Dornbusch: in diesem Geheimnis ist alles enthalten.

„Maria, sprich du zu uns, denn über dich zu sprechen ist uns zu schwer: sprich du also zu uns. Wir ahnen, daß das Geheimnis der Verkündigung mit dem des Kreuzes zusammenhängt: eins erklärt das andere, eins wurzelt im andern. Du erlebst unter dem Kreuz an dir selbst den Tod deines Sohnes und die unendliche Liebe des Vaters zu den Menschen: laß uns die geheimnisvollen Wurzeln dieser Liebe begreifen und Zugang finden zu deinem „Ja" zum Willen des Vaters, von dem alles stammt, in dem alles wiederkehrt und zu dem alles zurückkehrt."

Die Magd des Herrn

Da es mit Schwierigkeiten verbunden ist, die Verkündigungsperikope in ihrem ganzen Umfang zu meditieren, schlage ich vor, einfach das Schlußwort zum Gegenstand der Betrachtung zu machen:

„Da sagte Maria: Siehe, ich bin die Magd des Herrn; mir geschehe, wie du gesagt hast" (Lk 1,38).

Diese Worte bekunden ohne Zweifel ein Beziehungsbewußtsein: Wer sich als Knecht bezeichnet, drückt damit auch seine Beziehung zu einem anderen aus.

Im ersten Augenblick macht uns das stutzig, da es uns ein regelrechtes Sklavenverhältnis nahezulegen scheint: buchstäblich lautet das Wort sogar: „Sklavin", griechisch: „δούλη". Wenn wir aber den geistlichen und biblischen Zusammenhang bedenken, dem es entstammt, geht uns auf, daß etwas viel Innigeres und auch Tieferes gemeint ist.

Die Worte Mariä greifen ein Wort auf, das wir bei Jesaja lesen: „Seht, das ist mein Knecht, den ich stütze; das ist mein Erwählter, an ihm finde ich Gefallen" (42,1). Die Lektüre des Propheten Jesaja war sicher für die Gottesmutter das tägliche Brot, und ihr Ausspruch ist durch und durch ein Echo auf seine Worte. Das erste klingt an in: „Siehe, ich bin die Magd des Herrn", das zweite im Wort des Engels: „Du hast Gnade bei Gott gefunden" (Lk 1,30).

Maria spricht von sich in ihrer Beziehung zu Gott, dessen Ratschluß es ja war, mit ihr eine Beziehung der Auserwählung, des Wohlgefallens und der Stützung aufzunehmen.

Noch ein großariger Anklang: „Ich habe meinen Geist auf ihn gelegt" (Jes 42,1 b); und der Engel sagt zu

Maria: „Der Heilige Geist wird über dich kommen" (Lk 1,35).

Maria begreift sich also in ihrer Antwort: „Siehe, ich bin die Magd des Herrn", im Rahmen des gnadenhaften Wohlgefallens und der Sendung, in dem man die Gestalt des Gottesknechtes ansiedelte.

Ihr Bewußtsein ist das des geheimnisvollen Knechtes, der weiß, daß Gott ihn liebt und dazu auserwählt hat, ihn mit seinem Geist zu erfüllen.

Missionarisches Bewußtsein

Dieses Bewußtsein ist nicht nur persönlich, sondern es schließt das Volk mit ein. Maria spricht im Namen ihres Volkes, dessen beste Eigenschaften sie in sich vereinigt. Und auch das spiegelt sich, wie wir feststellen, in den Jesaja-Betrachtungen: „Du mein Knecht Israel" – hier ist das ganze Volk der Knecht –, „du, Jakob, den ich erwählte, Nachkomme meines Freundes Abraham: Ich habe dich von den Enden der Erde ... gerufen. Ich habe zu dir gesagt: Du bist mein Knecht, ich habe dich erwählt ... Fürchte dich nicht, denn ich bin mit dir" (Jes 41,8–10). „Der Herr ist mir dir", sagt der Engel zu Maria, „fürchte dich nicht, Maria" (Lk 1,28.30).

Maria erlebt sich in eins mit dem Volk, das sich geliebt fühlt, sich erwählt weiß und spürt, daß Gott seine Stütze ist.

Bei Jesaja gibt es noch ein Wort, aus dem dieses Sich-eins-Fühlen mit dem Volk spricht: „Denn ich, der Herr, bin dein Gott, ich, der Heilige Israels, bin dein Retter ... Fürchte dich nicht, denn ich habe dich ausgelöst, ich habe dich beim Namen gerufen ... du bist in meinen Augen teuer und wertvoll" (Jes 43,3.1.4). Die Gottverbundenheit, die Maria beseelt, ist ihre eigene und die des ganzen Volkes Israel: Maria ist die Seele, die Stimme und die Konkretisierung der Berufung ihres Volkes. Daher antwortet sie dem Herrn in eigener Sache und als Jungfrau Israel und Tochter Zion.

Hinter dem Bewußtsein, Volk zu sein, steht schließlich das, Menschheit, Volk für die Menschheit zu sein:

„Ich, der Herr, habe dich aus Gerechtigkeit gerufen, ich fasse dich an der Hand. Ich habe dich geschaffen und dazu bestimmt, der Bund für mein Volk und das Licht für die Völker zu sein: blinde Augen zu öffnen, Gefangene aus dem Kerker zu holen und alle, die im Dunkel sitzen, aus ihrer Haft zu befreien" (Jes 42,6 f). „Mein Knecht, der gerechte, macht die vielen gerecht ... Deshalb gebe ich ihm seinen Anteil unter den Großen" (Jes 53,11 f).

Maria befindet sich auf der Welle der biblischen Offenbarung, die sich in ihr durch die Worte des Engels verwirklicht. Sie lebt in dem dreifachen Bewußtsein, persönlich Gott verbunden zu sein, den Chor der Stimmen eines ganzen Volkes zu verkörpern und Verantwortung zu tragen für alles, was Mensch ist.

Hier könnten wir innehalten und uns fragen:

– *wie fasse ich mein Leben auf?* Bin ich mir dessen bewußt, daß ich in einer Abhängigkeit stehe, die letztlich meine freie Entscheidung so oder so ausfallen läßt? Wir entscheiden uns doch entweder für die loyale Abhängigkeit von Gott oder für die Unabhängigkeit, das Nicht-Dienen, die Nicht-Unterwerfung. In diesem Fall wird das Leben zum Zerrbild und zur

Karikatur durch Nachäffereien des Guten, die das Herz, den Geist und die Gesellschaft verderben.

– *Besitze ich das Bewußtsein einer Volkszugehörigkeit?* Vor allem der Zugehörigkeit zum Volke Mariä und Jesu, da wir unsere Identität nicht von der des jüdischen Volkes abkoppeln können. Da jeder Christ in Abraham verwurzelt ist – im römischen Meßkanon heißt es „unser Vater Abraham" –, besteht eine Verbindung mit dem auserwählten Volk, dem zum Heil berufenen Volk, das das Volk Mariä und Jesu ist. Die Kirche kommt immer zu einem neuen Selbstverständnis, wenn sie überdenkt, was sie mit diesem Volk verbindet. Gewiß sind in diese Bande leidvolle Geschichten und Krisen verwoben, aber gerade deshalb müssen sie Gegenstand unserer wachen Aufmerksamkeit und Liebe sein.

– Schließlich, *wie steht es um mein Bewußtsein hinsichtlich der Völker?* Genau gesagt, um mein *missionarisches Bewußtsein.* Auch wenn das Wort „Missionsauftrag" in unseren Betrachtungen nicht vorgekommen ist, so ist doch klar, daß das Gesagte missionarischen Beigeschmack hat. „Die Frau in ihrem Volk", das Leitwort unserer Betrachtungen, bedeutet Öffnung auf die ganze übrige Menschheit hin im Lichte Christi. Wir wissen wohl, daß alles Tun der Kirche missionarisch ausgerichtet ist, auch wenn das historisch und geographisch im engeren Sinn in den Missionsländern seinen besonderen Ausdruck findet. Doch den Unterschied zwischen einer Heimatkirche und einer Missionskirche – wie er noch in den dreißiger Jahren bestand – gibt es nicht mehr. Die Kirche insgesamt verkündet den Völkern das Heil, und das hat zur Folge, daß die Missionstätigkeit auch zum Wesen, zur geistigen Ausrichtung und zur Dynamik des kirchlichen Lebens gehört. Deshalb muß man sowohl auf seiten der Mission wie auch auf seiten der Gesamtseelsorge darauf bedacht sein, daß sie zur Einheit werden.

Christliches Opfer

Wenden wir nun unsere Betrachtung dem Wunsch zu, der, mehr als nur ein Ja, eine jubelnde und herzliche Zusage ist: „Mir geschehe, wie du es gesagt hast." Das Verb steht im Optativ, der grammatikalischen Wunschkategorie, und besagt daher ein Ja von ganzem Herzen.

Hier müssen wir auf die Darlegung des heiligen Paulus über den Geist des Glaubens in den ersten elf Kapiteln des Römerbriefs zurückkommen. Er sagt dort mit anderen Worten, was wir mit unserer Beschreibung des evangeliengemäßen Glaubensgeistes des von der Liebe Gottes wieder aufgenommenen und gerechtfertigten Sünders gesagt haben.

Am Schluß seiner langen Darlegung spricht er in den Kapiteln 12–15 von der christlichen Opfergesinnung, die dem evangeliengemäßen, bußfertigen Glauben entspringt:

„Angesichts des Erbarmens Gottes ermahne ich euch, Brüder, euch selbst als lebendiges und heiliges Opfer darzubringen, das Gott gefällt; das ist für euch der wahre und angemessene Gottesdienst" (Röm 12,1).

Wie der Apostel unter Glaubensgeist das geistliche Leben des Christen, seine Praxis in Gebet, Buße und Gnadenbitte zusammengefaßt hat, so faßt er nun unter Opfergeist die ganze christliche Moral zusammen.

Er fährt denn auch fort: „Gleicht euch nicht dieser Welt an, sondern wandelt euch und erneuert euer Denken, damit ihr prüfen und erkennen könnt, was der Wille Gottes ist: was ihm gefällt, was gut und vollkommen ist“ (12, 2). Diese beiden Verse sind die Einführung in die prüfende Erkenntnis dessen, was christliches Opfer ist.

Daher halte ich es für angebracht, nach den Ausführungen über den evangeliengemäßen Glaubensgeist die Opfergesinnung zu betrachten, die im „Ja“ Mariä zutage tritt und uns sprachlos macht. Der heilige Augustinus definiert als Jünger und gründlicher Kenner des heiligen Paulus das christliche Opfer als *jede Handlung, die man setzt, um mit Gott eine Verbindung kindlicher Liebe einzugehen:* das Opfer ist demnach ein Pascha, ein Einzug in das Land Gottes.

Worum es bei der augustinischen Auffassung, die der ganzen Väterzeit eigen ist, geht, ist nicht die Handlung, sondern ihr Ziel. Auch das Opfer ist dann eine Gnade des Heiligen Geistes, der im erlösten Menschen und auf der Grundlage des Glaubensgeistes die Opfergesinnung weckt.

Wir können also mit anderen Worten sagen, daß das Opfer, objektiv gesehen, der Mensch selbst ist, der unter dem Antrieb der Liebe von der Hinwendung zu der Vielzahl der Dinge zur einen und ausschließlichen Hingabe seiner Existenz an Gott gelangt und so sein Leben zu einem Akt der Liebe macht: das ist das Opfer schlechthin.

Weiter: um es *christlich* nennen zu können, muß man den Gedanken zu Ende denken, d. h. zum grundlegenden und eigentlichen Opfer kommen, dem Opfer von Kalvaria, in dem Christus sich darbringt, um die ganze Kirche als seine Braut in der Auferstehung mitzunehmen in die Herrlichkeit des Vaters.

Bei der Eucharistiefeier steht das Opfer des Altares im Zusammenhang mit dem Opfer von Kalvaria und gliedert jeden, der in Liebe mitfeiert, in das Pascha, den Hinübergang Jesu ein.

Unser ganzes Leben steht also als christliches Opfer im Zusammenhang mit der Eucharistiefeier, die ihrerseits mit dem Kreuz, dem vollkommenen Opfer, zusammenhängt, der Ganzhingabe des Menschen Christus an den Willen und die Liebe des Vaters, mit dem Kreuz, das alle Menschen an sich ziehen kann.

Die Grundentscheidung

Wie findet das Opfer Eingang in unseren Alltag? Durch die „richtige Herzenseinstellung", die man früher die „gute Meinung" nannte: in ihr ist die ganze christliche Askese enthalten. Ein Mensch, der den Vorsatz, Gott allein gefallen zu wollen, zum Inbegriff seiner ganzen Existenz gemacht hat, geht ein in das Opfer Christi und damit in das Reich des Vaters; er hat teil an der Fülle Gottes und läßt auch an ihr teilhaben, was er durch die richtige Herzenseinstellung heiligt.

Nach dem Opfer Christi ist zweifellos das „Ja" Mariä das Bild, der Anfang, die Folge und der Gipfel jeder menschlichen und christlichen Vollkommenheit.

Das „Ja" Mariä umfaßt die Ausrichtung ihres ganzen Lebens an Gott und billigt schon im voraus alles, wozu Christus sich von Betlehem bis zum Kreuz entscheidet. Deshalb habe ich zu Beginn dieses Vortrags gesagt, daß das Kreuzesgeschehen schon in der Verkündigung enthalten ist. Die richtige Herzenseinstellung heißt in ihrer eigentlichen Gestalt anders: Grundentscheidung. Eine Entscheidung, die man jedoch dynamisch auffassen muß: es genügt nicht, sie nur einmal zu fällen. Sie ist vielmehr ein lebhaftes, liebendes Verlangen, das sich nach dem Geschmack Gottes, des Vaters, richtet, nach dem, was ihm wohlgefällt, und eine Haltung ist, die das ganze Leben bestimmt.

Die Grundentscheidung, die man im Gebet und vor allem bei der heiligen Messe immer wieder erneuert, ist wie eine lebendige Flamme, die allen Gewissensentscheidungen Kraft und Gestalt verleiht und sie zu christlichen Entscheidungen werden läßt.

Es ist wichtig, das Sittengesetz mit lebendiger Dynamik zu erfüllen, als ständiges Streben nach dem Guten und nach dem Besseren, als ein völliges Aufgehen im Plane Gottes, in dem der Mensch voll und ganz Sohn wird und seine wahre Verwirklichung findet. Wo diese dynamische Auffassung des Sittengesetzes fehlt oder in Vergessenheit gerät, stellen sich unweigerlich Verflachung und Skrupelhaftigkeit ein. Das führt zu all den Formen des Moralismus, die darauf hinauslaufen, daß man sich fragt, ob es mehr oder weniger erlaubt ist, etwas zu tun, und wie weit man dabei gehen darf. All das hat logisch sicher seine Bedeutung, aber es wird auf die Dauer deprimierend und entspricht wenig dem menschlichen Leben, das von sich aus Spannung, Hingabe, Elan und freies Geschenk ist. Es kann zur Trostlosigkeit, zur Traurigkeit, zur Trägheit und zu Auseinandersetzungen führen: in den Gemeinschaften oder Gruppen äußert sich das dann als Streit um Vorrechte, als Drückebergerei und schlicht und einfach als Legalismus.

Ohne die dynamische Grundentscheidung verliert man das Ganze und den wahren Sinn des menschlichen Daseins aus dem Blick, das ein rauschender Wasserfall, aber kein stehendes Gewässer ist.

Ich glaube, daß z. B., das Fernbleiben so vieler Gläubigen wie Priester von der Beichte mit der Verflachung der sittlichen Dynamik erklärt werden kann. Das Bußsakrament hat doch in dem Maß Sinn und Wert, in dem es den Menschen vom Bösen zum Guten und vom Guten zum Besseren fortschreiten läßt. All das sind Gedanken, auf die uns das „Ja" Mariä bringt.

Wer dieses „Ja" zu seinem Leitstern macht, sucht immer und in allem, was Gott gefällt, und verwirklicht, mit anderen Worten, die prüfende Erkenntnis.

Im Römerbrief folgt die prüfende Erkenntnis unmittelbar auf das Opfer: „Bringt euch ... als Opfer dar ..., damit ihr prüfen und erkennen könnt, was der Wille Gottes ist: was ihm gefällt, was gut und vollkommen ist" (Röm 12, 1 f).

Die prüfende Erkenntnis ist alles andere als die skrupelhafte Genauigkeit dessen, der in legalistischer Verflachung lebt oder sich den Anstrich von Perfektionismus gibt. Sie ist ein Aufschwung der Liebe, der zwischen Gut und Besser unterscheidet, zwischen an sich angebracht und jetzt angebracht, zwischen dem erreichbaren Allgemeinwohl und dem, was dagegen augenblicklichen Einsatz verlangt. Die prüfende Erkenntnis ist unerläßlich für das Wirken der tätigen Ordensgemeinschaften, bei dem man sich unbedingt für das Bessere entscheiden muß und sich nicht mit einem guten Werk, einem guten Wort oder damit zufrieden geben darf, daß man ein guter Mensch ist.

Wenn es am Willen fehlt, zu prüfen und zu erkennen, was besser ist, macht das oft das Leben in der Seelsorge zum eintönigen Trott: man macht eine fromme Übung nach der anderen, man wiederholt althergebrachte Zeremonien, ohne ihren Sinn recht zu verstehen, einmal, um einem Brauch treu zu bleiben, dann auch, um untadelig vor Gott dazustehen.

Heute ist besonders die Jugend geneigt, dynamisch zu prüfen, und man muß sie zum Geschmack am Besseren und nicht nur am Guten erziehen. Die Grundentscheidung zur vollen Verwirklichung der innigen Beziehung zum Vater durch den Sohn in der Gnade des Heiligen Geistes findet ihren konkreten Ausdruck in den Ordensgelübden, die man auf der Welle des Jawortes Mariä auch als Volk und für alle Völker leben muß. *Man muß sie leben, jetzt und „in der Stunde unseres Todes“.*

Die Worte Mariä: „Mir geschehe, wie du es gesagt hast“, übersetzt man auch mit: „nach deinem Wort“, griechisch: „κατὰ τὸ ῥῆμά σου“. Dieselbe Wendung kommt, ebenfalls im Lukasevangelium, in der Erzählung von der Darstellung Jesu im Tempel vor, wo Simeon sagt: „Nun läßt du, Herr, deinen Knecht nach deinem Wort in Frieden scheiden“ (Lk 2,29). In der geläufigen Übersetzung: „Nun laß“, entsteht der Eindruck, als bitte Simeon um etwas. Das griechische Verb steht aber im Indikativ, und man muß es daher übersetzen: „Hiermit löst du, Herr, nach deinem Wort in shalom meine Fesseln.“ Simeon sagt, daß der Herr ihn den Gipfel der Vollendung hat erreichen lassen, und die kontemplative Schau des Kindes, die ihm zuteil geworden ist, die Schau der Herrlichkeit dieses Sohnes für alle Völker und für alle Heiden ist, auch schon eine Vorwegnahme der Heilsfülle der Christenheit nach der Auferstehung.

Simeon erlebt schon vorweg die Vollendung, die Maria in ihrer Gottesmutterschaft mit ihrem „fiat" bringt. Und er sagt: Dein Wort, Herr, hat mich ganz erfüllt, und jetzt bin ich für immer bei dir; für mich gibt es weder Tod noch Leben mehr, die ganze Vergangenheit war die Vorbereitung auf diesen Augenblick.

Der Tod ist die Vollendung des Lebens; es sind die schon erwähnten „Geburtswehen", durch die sich das volle Leben ankündigt. In ihnen schließt sich unser „Ja" im Einklang mit dem „Ja", das Maria unter dem Kreuz spricht, dem „Ja" Jesu dem Vater gegenüber an: „Vater, in deine Hände lege ich meinen Geist" (Lk 23,46).

Wir sterben täglich irgendwie den Dingen, der Eitelkeit, der Weltlichkeit, der Fleischeslust und der Sinnlichkeit.

Wenn wir gemäß der Aufforderung des heiligen Paulus: „Gleicht euch nicht dieser Welt an" (Röm 12,2), das geistliche Opfer leben, sterben wir täglich und wachsen im gleichen Maß zur Fülle des wahren Lebens heran.

Maria möge uns also nahe sein auf diesem Weg, der im Tode gipfelt! Wir wissen, daß es für den Menschen schwer, ja sogar unmöglich ist, so den Tod zu leben, weil in jedem von uns die Angst, der Schrecken und die Abscheu vor allem sitzen, was dem Tod vorausgeht oder ihn vorwegnimmt, wie Krankheit, Mißerfolg, Einsamkeit und körperliche Behinderung.

Deshalb beten wir um die Gnade neuer Augen und eines neuen Herzens, damit wir „der Stunde unseres Todes" entgegensehen können vom „fiat" Mariä bis zum „Nunc dimittis" Simeons und schließlich bis zum Worte Jesu: „Vater, in deine Hände lege ich meinen Geist" (Lk 23,46).

Konkrete Kreuzeswirklichkeit

Der Verlust Jesu im Tempel (Lk 2,41–52)

„Wir bitten dich, Maria, uns bei der Betrachtung eines so schmerzlichen und geheimnisvollen Ereignisses aus deinem Leben zu Hilfe zu kommen! Du hast uns gelehrt, daß wir das Geheimnis deiner Gegenwart unter dem Kreuz nur begreifen können, wenn wir es in andere Geheimnisse deines Lebens zerlegen. Und so sehen wir schon in den schmerzlichen Tagen deiner Suche nach Jesus in Jerusalem Vorboten deines Leides. Bei dem Versuch, dieses Rätsel zu ergründen, bitten wir dich, laß uns dein Geheimnis in Liebe und Demut verehren. Wir möchten nicht in den Windungen deiner Seele herumstöbern, sondern wir möchten nur von dem erleuchtet werden, was du durchgemacht hast; dann können wir auch die Worte verstehen, die du gesprochen hast, und daß du uns dein gesprochenes Wort anvertraut hast, damit wir seinen Sinn in uns aufnehmen. Laß uns die Mutterliebe mitempfinden, in der du, mit deinem Sohn vereint, Dunkel und Leid durchgemacht hast.

Behüte uns vor Indiskretion oder Übereifer bei unserem Bemühen und laß es ganz und gar Lob, Hochachtung und Ehrfurcht vor dem lebendigen Geheimnis sein, das du bist, und vor dem Geheimnis, das wir, deine Kinder, sind, die sich jetzt vor deinem Lebensweg verneigen. Amen.“

Bevor wir uns der Betrachtung der Evangelienperikope zuwenden, möchte ich das *Schema* des Exerzitienkurses (vgl. S. 18) erläutern, das ich zur Verdeutlichung des Zusammenhangs dessen entworfen habe, was uns in diesen Tagen beschäftigt. Den Mittelpunkt des Schemas bildet das Kreuz, unter dem Johannes und Maria stehen. Von Maria geht strahlenartig das Licht aus, mit dem sie die Welt und die Menschen erleuchtet.
Das Schema ist zweigeteilt: rechts steht „die Frau", links steht sie „in ihrem Volk". Das Leitwort wird in seiner anderen Fassung wiederholt: rechts ist „der Lebensweg Mariä", den sie links „mit den Männern und Frauen aller Zeiten" geht. Das Schema stellt den Verlauf eines Weges dar, der ganz unten beginnt. Dort hat das „dreifache Seufzen" seinen Platz, das nach oben aufsteigt. Mit ihm beginnt der Weg, der in Serpentinen von rechts nach links führt. Links befinden sich die Frauen aller Zeiten, vertreten durch die Frauengestalten aus dem Evangelium, die wir betrachtet haben. Rechts befindet sich Maria als das Licht, in dem jede Gestalt sich direkt oder im Kontrast abhebt. Die letzte Linie führt unter dem Kreuz hindurch zu Magdalena und durch das Kreuz zur Auferstehung.

Den mittleren Teil des Schemas bilden, ebenfalls von unten nach oben, Stufen, die unseren Weg darstellen, wie er uns von den verschiedenen Szenen aus dem Evangelium gewiesen wird.

Die Szene, die das Schema für unsere heutige Betrachtung aufweist, ist „der Verlust Jesu im Tempel", eine Erzählung, die eine Herausforderung an unsere exegetischen Fähigkeiten darstellt und unsere Herzen auf den Plan ruft.

„Die Eltern Jesu gingen jedes Jahr zum Paschafest

nach Jerusalem. Als er zwölf Jahre alt geworden war, zogen sie wieder hinauf, wie es dem Festbrauch entsprach. Nachdem die Festtage zu Ende waren, machten sie sich auf den Heimweg. Der junge Jesus aber blieb in Jerusalem, ohne daß seine Eltern es merkten. Sie meinten, er sei irgendwo in der Pilgergruppe, und reisten eine Tagesstrecke weit; dann suchten sie ihn bei den Verwandten und Bekannten. Als sie ihn nicht fanden, kehrten sie nach Jerusalem zurück und suchten ihn dort. Nach drei Tagen fanden sie ihn im Tempel; er saß mitten unter den Lehrern, hörten ihnen zu und stellte Fragen. Alle, die ihn hörten, waren erstaunt über sein Verständnis und über seine Antworten. Als seine Eltern ihn sahen, waren sie sehr betroffen, und seine Mutter sagte zu ihm: Kind, wie konntest du uns das antun? Dein Vater und ich haben dich voll Angst gesucht. Da sagte er zu ihnen: Warum habt ihr mich gesucht? Wußtet ihr nicht, daß ich in dem sein muß, was meinem Vater gehört? Doch sie verstanden nicht, was er damit sagen wollte. Dann kehrte er mit ihnen nach Nazaret zurück und war ihnen gehorsam. Seine Mutter bewahrte alles, was geschehen war, in ihrem Herzen. Jesus aber wuchs heran, und seine Weisheit nahm zu, und er fand Gefallen bei Gott und den Menschen" (Lk 2,41–52).

Zum Text

Ich möchte ihn zur *geistlichen Schriftlesung* empfehlen, bei der wir nacheinander einzelne Worte herausgreifen und uns dann fragen, was sie uns zu sagen haben.

Dabei müssen wir auch das eine oder andere Forschungsergebnis der Exegese berücksichtigen. Wissenschaftler wie R. Laurentin und A. Feuillet, die sich lange mit dieser Stelle des Evangeliums beschäftigt haben, vertreten einmütig die Auffassung, daß sie johanneisch klingt: d.h., sie enthält Begriffe und Ausdrücke, die dem Aussehen, dem Klang und der tiefen Bedeutung nach im vierten Evangelium stehen könnten.

Außerdem stellen die Exegeten fest, daß die Perikope schon die Hauptgeheimnisse der Christologie anklingen läßt: Vaterschaft Gottes, Gottessohnschaft, Tod und Auferstehung Jesu. Sie ist eine vorweggenommene Betrachtung über die Passion und das Geheimnis Christi. Aber sie zeigt auch, wie schwer es für den Menschen ist, Gottes Geheimnis dort zu begreifen, wo es in sein Leben eintritt. Maria hatte mit ihrem „Ja" das Geheimnis des in der Geschichte menschgewordenen Gottes wenigstens schon so hingenommen, wie es ihr in großen Zügen verkündigt worden war. In unserer Begebenheit aber macht Maria die allgemein menschliche Erfahrung, wie schwer es ist, hinzunehmen, daß die verborgenen Wege Gottes, die man grundsätzlich bejaht hat, in der Praxis anders aussehen, als wir erwartet hätten. Wir haben ja auch unsere Schwierigkeiten, hinzunehmen, daß die Kirche so ist, wie sie ist, daß Jesus Christus sich ausgerechnet so gezeigt hat und nicht anders, daß unser Leben in seiner Unbegreiflichkeit nicht so verläuft, wie wir es gern hätten!

Die Perikope führt uns also bei Maria bis an die Schwelle ihres persönlichen Geheimnisses, und wir würden uns fürchten, dort einzudringen, wenn sie uns in ihrer Güte nicht die Hand auf den Kopf gelegt und uns Mut gemacht hätte; sie verzeiht uns die unpassenden Worte, die wir machen können, und hilft unserem Herzen, sich auszudrücken.

Jerusalem und das Paschafest

„Sie gingen jedes Jahr nach Jerusalem." Jerusalem ist für die Juden ein Zauberwort. Noch heute ist es Symbol einer ganzen Welt, eines Lebens, einer Geschichte und einer Hoffnung. Der Evangelist, der die Bedeutung dieses Themas unterstreichen will, wiederholt den Namen Jerusalem dreimal: „Sie gingen jedes Jahr nach *Jerusalem* ... der Junge blieb in *Jerusalem* ... sie kehrten nach *Jerusalem* zurück und suchten ihn."

Dieses Wort verlangt unser Nachdenken nicht nur kraft seiner Bedeutung als Hauptort der Heilsgeschichte, sondern auch als einer der Pole der Kindheitsgeschichte und dann auch des Lebens Jesu.

Die Kindheitsgeschichte Jesu beginnt in Jerusalem mit der Erscheinung des Engels vor Zacharias im Tempel. Sie wechselt hinüber nach Judäa in das Haus des Zacharias, dann nach Nazaret in das Haus Mariä und wieder nach Judäa, als Maria ihre Base Elisabet besucht; dann zur Geburt Jesu nach Betlehem und von dort nach Jerusalem zur Darstellung im Tempel. Sie verlegt ihren Schauplatz wieder nach Nazaret und dann nach Jerusalem, wo sie mit dem Geschehen endet, das wir betrachten.

Mit einem Wort: *die Kindheitsgeschichte Jesu beginnt in Jerusalem, hat mit der Darstellung im Tempel in Jerusalem ihren Höhepunkt und endet in Jerusalem.*

In Jerusalem wird nach dem Bericht des Evangelisten Lukas (Kap. 24) *auch das Erdenleben Jesu zu Ende gehen.*

In Jerusalem wird die Geschichte der Kirche beginnen (Apg, Kap. 1), die sich bis an die Enden der Erde ausbreiten wird.

Die „heilige Stadt“ ist somit der Ort, an dem Gottes Heilsplan offenbar wird, an dem seine Ausführung beginnt, ihren Höhepunkt erreicht und auf alle Welt übergreift. Daher bleibt sie die Ikone, aus der die Herrlichkeit Gottes in der Geschichte aufstrahlt.

In unserer Begebenheit offenbart Jesus also etwas von seinem Geheimnis.

„Zum Paschafest“: auch dies ein Wort von größter Bedeutungsfülle. Das Paschafest ist für die Juden das Hochfest schlechthin; Lukas erwähnt hier das Paschafest zum ersten Mal und spielt damit auf das letzte Pascha Jesu an. Wir könnten sagen, das Leben Jesu wird von diesem Paschafest, das er als Kind erlebt hat, und dem letzten, dem seines Todes, eingerahmt. Jesus am Paschafest in Jerusalem zu wissen bedeutete für die Urgemeinde, die den Bericht des Evangelisten hörte und weitererzählte, das ganze Potential des Paschamysteriums mitzuverstehen, das sich offenbaren sollte.

Das Fest bildet den Hintergrund des Geschehens, und Jesus hat es sicher tief ergriffen mitgefeiert in der geheimnisvollen Ahnung, daß es der Vorläufer seines „Hinüberganges“ zum Vater war, eines Hinüberganges, der das zeichenhafte Geschehen dieses Paschafestes seiner Kindheit noch einmal aufgreifen und zur Erfüllung führen würde.

„Nachdem die Festtage zu Ende waren, ... blieb der junge Jesus in Jerusalem, ohne daß seine Eltern es merkten.“ Das Verb: „er blieb“ lautet griechisch: „ὑπέμεινεν“, d.h. ausharren, etwas weitermachen, was schwierig, aber wichtig sein kann. Von diesem Verb leitet sich das Hauptwort „ὑπομονή – Geduld“

her, und die Wurzel des Verbs ist: „μένειν – bleiben". Der fein ausgeklügelte philologische Zusammenhang mit dem Johannes-Evangelium gibt zu denken. „Bleiben" ist ein typisch johanneisches Wort und besagt das Bleiben des Vaters im Sohn, des Menschen im Sohn und des Menschen im Wort.

Wenn Jesus im Tempel zurückbleibt, liegt darin ein „Bleiben": er verbleibt in Jerusalem, weil es seine Stätte ist, weil es ihn angeht, weil es sein angestammtes Milieu ist – und er sagt ja auch nachher, warum.

Hier klingt schon die geheimnisvolle Beziehung der Affinität und des Verweilens an, die zwischen Jesus und dem Tempel besteht.

Das unwiderstehliche Hingezogensein Jesu zum Tempel bildet den Kontrast zur Unkenntnis der Eltern: „Ohne daß sie es merkten", griechisch: „οὐκ ἔγνωσαν", sie hatten keine Kenntnis davon, sie wußten es nicht.

Hier stehen wir vor einem großen Rätsel. Was Maria widerfuhr, ist keine Bagatelle: normalerweise wissen die Mütter, wovon ihre Kinder sich angezogen fühlen, und wissen auch, wohin sie gegangen sein können, wenn sie einmal der Aufsicht entwischt und weggelaufen sind. Ein Zwölfjähriger besaß zwar, zumal im Orient, schon eine gewisse Selbständigkeit, aber er zog anscheinend zum ersten Mal mit nach Jerusalem, und die Eltern hätten aufpassen müssen.

Man könnte sagen – und es fällt mir nicht leicht, das zu sagen –, Josef und Maria hätten den Überblick, den Blick für die Gesamtsituation, verloren und sich das, worauf es ankam, entgehen lassen. Ist es möglich, fragen wir uns, daß sie nicht begriffen hätten, welche Anziehungskraft der Tempel auf Jesus ausübte?

Ist es möglich, daß sie den unwiderstehlichen Zauber nicht erkannt hätten, der Jesus wie angenagelt im Tempel festhalten würde?

Gottsuche

„Sie meinten, er sei irgendwo in der Pilgergruppe, und reisten eine Tagesstrecke weit; dann suchten sie ihn bei den Verwandten und Bekannten." Das Verb „sie meinten" scheint die Vorstellung zu verstärken, daß die Eltern tatsächlich nicht an die Möglichkeit dachten, Jesus könne in Jerusalem geblieben sein. Die Übersetzung: „dann suchten sie ihn", läßt vermuten, Josef und Maria hätten einen sorglosen Tag verbracht, ohne sich um das Kind zu kümmern, und sich erst am Abend gefragt, wo es wohl wäre. Der griechische Text stellt die Sache allerdings ein wenig anders dar: die Eltern sehen, daß er nicht da ist, und fragen sich, wo Jesus wohl sein könne; aber es ist klar, daß die Karawane unterdessen ihren Weg fortsetzen muß. Sie suchen ihn daher, während die Karawane ihres Weges zieht, und als sie die Abwesenheit des Buben festgestellt haben, ist es schon Abend.

Anderseits bleibt es für uns merkwürdig, daß Josef und Maria Lösungen gesucht haben sollten, die für uns nicht auf der Hand liegen; denn wir können uns nicht vorstellen, daß Jesus schwätzend einmal rechts und einmal links gelaufen sein sollte! Was sagt uns das Verhalten des Elternpaares? Es passiert uns allen schon einmal, daß wir das, worauf es ankommt, aus dem Blick verlieren, ohne dafür zu können, weil es uns einfach nicht in den Sinn kommt. Es gelingt uns nicht immer, die Vorgänge insgesamt richtig einzuschätzen, und dann kommt der Augenblick, da wir uns an die Brust schlagen, weil uns etwas entgangen ist, was wir, streng genommen, nicht hätten übersehen dürfen: wir hatten an dem Tag so viel zu tun und haben diesem Menschen keine Beachtung geschenkt, obgleich es doch selbstverständlich gewesen wäre, ihn sorgfältig zu behandeln, usw.

Maria hat Verständnis für unsere Anfälligkeit, denn sie hat es auch erlebt, daß sie in einer Situation weder ein noch aus wußte.

Vielleicht hätte in ihrem Fall ein wenig Nachdenken genügt: Jesus war im Tempel wie angewurzelt, wir haben ihn mit Gewalt nicht von der Stelle bewegen können, er ist sicher noch dort!

Wenn die Gottesmutter einmal so schlimm in Verlegenheit, Beschämung und Schmerz geraten ist, muß es auch uns einleuchten, daß es unserer armen Natur trotz aller Anstrengungen oft nicht gelingt, gleich das Richtige zu treffen. Maria reicht uns die Hand und lehrt uns die Demut: die Demut und die Beschämung, die unter Umständen auf andere zurückgeht, die an unserem mangelnden Einfühlungsvermögen, unserer Vergeßlichkeit und der Unaufmerksamkeit Kritik üben, mit der wir jenen Menschen in einer schwerwiegenden Angelegenheit behandelt haben.

Vielleicht haben die Leute in der Karawane sich über Maria aufgehalten: Da, sogar ihr ist das passiert, sie kann ja nicht immer nur Glück haben, usw.

Hier ist die Gottesmutter wirklich in ihrem Volk: sie teilt mit ihm Freud und Leid, erfährt Kritik, fühlt sich ratlos und schreibt sich irgendwie die Schuld zu: Wie konnte ich nur? Wie war das nur möglich?

„Sie suchten ihn bei den Verwandten und Bekannten. Als sie ihn nicht fanden, kehrten sie nach Jerusalem zurück und suchten ihn dort.“ „Sie suchten ihn“,

wird griechisch durch eine Verbalform im Imperfekt ausgedrückt: „ἀνεζήτουν“, ein ununterbrochenes Suchen, das nicht zur Ruhe kommt. „Sie suchten ihn“, ich greife dieses Wort noch einmal auf im Hinblick auf die Antwort, die Jesus geben wird: „Warum habt ihr mich gesucht?“ Die Suche nach Jesus ist Gottsuche und gilt für alle Stadien des menschlichen Lebens.

Wir entsinnen uns, daß dieses Wort auch in der ersten Frage Jesu an die beiden Jünger vorkommt, die sich ihm anschließen wollen: „Was sucht ihr?“ (Joh 1,38).

„Suchen“ bringt zum Ausdruck, daß man sich um die Wahrheit müht, und die Suche Mariä und Josefs wird auch noch durch Zuneigung, Liebe und Sorge motiviert; kurz, sie enthält alles, was in einer Suche an Großem und Edlem mitschwingt.

Umso befremdlicher klingt dann für uns aus dem Munde Jesu der Tadel: „Warum habt ihr mich gesucht?“

Um ihn zu verstehen, müssen wir wohl die verschiedenen Bedeutungen dieses Wortes im Johannes-Evangelium berücksichtigen und die verschiedenen Weisen, Jesus zu suchen, zumal nach seiner Auferstehung, als, z. B., Magdalena Jesus, den Lebenden, bei den Toten sucht.

Man kann Jesus auf falsche Weise suchen. Eine solche Suche zieht Tadel nach sich, weil sie dem Ansinnen gleichkommt, Gott solle nach unseren Vorstellungen handeln, nicht aber nach seinem Plan. Hier deutet sich das Geheimnis des Suchens an: eigentlich ist es das Ur-Streben des Menschen nach dem Wahren; es kann aber zwecklos sein, wenn man das Wahre nicht dort sucht, wo es ist, oder wenn ich es in Phantasiegebilden suche, in denen es sich nicht offenbaren kann.

Maria, die sich über die Richtung des Suchens klarwerden mußte, kann uns immer wieder erleuchten, wenn wir uns bei der Suche nach Jesus unter Aufbietung aller Kräfte abmühen, um, z. B., in unserem Leben Gnade, Trost und Klarheit zu finden, die Gewißheit, daß wir auf dem rechten Weg sind, und die Lösung unserer Schwierigkeiten; das alles haben wir doch schon. Oder aber wir können es in aller Deutlichkeit und leicht an Anordnungen unserer Oberen oder einem Präzedenzfall ablesen: damit geben wir uns aber nicht zufrieden und suchen weiter mit der Ausrede, wir brauchten mehr Licht vom Herrn.

Mit anderen Worten: der Mensch hat seine liebe Not, Gott in seinem eigenen Leben am Werk zu sehen; es ist nämlich viel leichter, ihn ganz und gar als Gott in seiner Abstraktheit gelten zu lassen als im persönlichen Leben, das nicht so verläuft, wie wir es gern möchten.

Wir sind Gott gehorsam, wenn wir akzeptieren, daß er sich ganz konkret in *diesem* gekreuzigten, erniedrigten Jesus offenbart, in *dieser* armen, schwachen Kirche hier, in *dieser* Gemeinschaft, in *meinem* Geist, der so schwer von Begriff ist, in *meinem* Leib mit seinen Krankheiten, in *meinem* geistlichen Leben mit seiner Mühsal. Wir möchten Gott immer anderswo finden und verpassen so die Pointe, um die es in unserem Leben hier und jetzt geht. Nur wenn wir uns eingestehen, daß unsere Suche eine überflüssige Aufregung, aber keine wahre Suche ist, geht uns auf, daß wir eigentlich schon haben, was wir suchten.

„Nach drei Tagen fanden sie ihn." Hier wird erneut

unterstrichen, daß Maria und Josef nicht begriffen hatten, wo sie suchten müßten. Vielleicht sind sie zu den Familien gegangen, die sie aufgenommen hatten; jedenfalls ist es ihnen nicht gelungen, gleich darauf zu kommen; daher gilt immer noch das *„sie merkten es nicht"*, wie es oben hieß.

Jesus hat zugelassen, daß seine Eltern in die dunkle Wolke, in die drückende Trockenheit und die zunehmend qualvolle Not von Menschen gerieten, die den Herrn suchen und nicht finden. Jesus ist also nahe, wenn jemand das durchmacht und das rätselhafte Schweigen Gottes an sich erfährt. Drei Tage lang hörten Maria und Josef seine Stimme nicht mehr, deren Klang ihnen sonst von früh bis spät vertraut war: die Stimme, das Wort schweigt. Es schweigt, während sich ihnen die finstersten und schrecklichsten Befürchtungen aufdrängen, eine Not, wie sie nicht schmerzlicher, eine Glaubensprobe, wie sie nicht akuter sein könnte.

Wir wären sicher auf Gedanken gekommen, die Maria fernliegen: Gott hat mich verlassen, er hat mir den Auftrag nicht gegeben, mit dem ich so gerechnet hatte, vielleicht habe ich versagt, mein Leben ist also verpfuscht! Und dann verwirren sich unsere Gedanken, und es packt uns die Angst. All dies ist für uns Anlaß, das demütige Schweigen Mariä zu betrachten, ein Schweigen, das nicht „Warum?" fragt, wie es diese Frage auch unter dem Kreuz nicht stellen wird. Wir können das Geheimnis des Schweigens Mariä im Gebet, und nur im Gebet, erahnen. Maria stellt sich keine Fragen, gerät nicht in rastloses Grübeln und hält sich nicht bei dem Gedanken auf, was sie vielleicht falsch gemacht habe: hätte sie es getan, so hätte das auch nicht im geringsten zum Gelingen ihrer Suche beigetragen, wie auch wir mit all unserem Nachdenken nicht ein Minimum an Elan zu unserem Tun beitragen können. Höchstens büßen wir mehr als nur ein Minimum an Schlaf ein.

Maria ist darin, wie wir sehen, ganz anders als wir, und zugleich macht sie uns Mut. Sie scheint uns zu sagen: Tu nur, womit du eben beschäftigt bist – *age quod agis* –, schreib, wenn du schreiben mußt; melde dich, wenn dein Telefon schrillt; wenn dich jemand sprechen will, so laß ihn vor; bau keine Luftschlösser, denn das führt zu nichts. Maria gibt uns, glaube ich, den unbezahlbaren Wink, bei der augenblicklichen Aufgabe zu bleiben, ohne uns mit der Vergangenheit aufzuhalten oder in Zukunftsgedanken auszuweichen. Das ist die einzig richtige Art und Weise, sich dem Schweigen Gottes zu stellen und es durchzutragen.

Die Wendung *„nach drei Tagen"* hat außer dem psychologischen Sinn, um dessen Verständnis wir uns bemüht haben, auch eine, für die Urkirche selbstverständliche theologische Bedeutung.

Die drei Tage sind die Tage des Leidens und des Todes. Die Kirche hat diese Not des Leidens und des Todes durchgemacht: auch die Apostel haben sie kennengelernt. Die Kirche macht sie in dunklen und finsteren Zeiten immer wieder durch. Auch wir machen sie in unserem Leben durch, wenn wir uns dem Karfreitag und dem Leiden Jesu anschließen, das hier angedeutet wird: „Es kommen Tage, da die Sonne sich verdunkelt, die Stimme des Menschensohnes schweigt und tiefe Finsternis auf der Erde liegt." Das Karfreitagsgeschehen von damals wiederholt sich und wird sich an uns, an unserer Gemeinschaft und an unserer Kirche wiederholen: da bleibt es zwecklos, sich nach dem Warum zu fragen, wenn auch der Augenblick kommen kann, der Licht ins Dunkel bringt. Es gibt Zeiten, in denen man demütig mit der Hand am Pflug aushalten und Zentimeter um Zentimeter seine Furche ziehen muß, weil man einfach zu etwas anderem nicht in der Lage ist.

„Sie fanden ihn im Tempel." Das ist das entscheidende Wort, um das es bei der ganzen Begebenheit geht. Unausgesprochen war es gewissermaßen schon vorhanden: wenn man Jesus und das Fest erwähnte, mußte man auch an den Tempel denken. Daß es erst hier fällt, hat seinen ganz bestimmten Grund: es soll unterstreichen, daß Gott Prüfungen und Zeiten trüberen Lichtes zuläßt.

Der Tempel gilt als Stätte, als Offenbarung der Gegenwart des Vaters, als Zeichen der Oberhoheit Gottes, des alleinigen Herrn, Gottes, der allein Gott ist und nur Gott sein darf.

Der Tempel ist Zeichen des Absoluten, das die ganze Geschichte lenkt, das die Menschen und die Herzen scheidet in solche, die gläubig dieses Absolute anerkennen, und solche, die es ablehnen und sich so selbst das Urteil sprechen.

Das Geheimnis Jesu

„Er saß mitten unter den Lehrern, hörte ihnen zu und stellte Fragen. Alle, die ihn hörten, waren erstaunt über sein Verständnis und über seine Antworten." Ich fand es immer seltsam, daß es von Jesus zunächst heißt: „Er hörte ihnen zu und stellte Fragen", dann aber: „Sie waren erstaunt über seine Antworten."

Was besagt diese Szene? Jesus ist die Weisheit, die den Menschen zum Staunen bringt; das ist das gleiche

Staunen, das uns angesichts der Wunder und der Großtaten Gottes befällt. Jesus zeigt sich hier im Tempel und deutet damit schon die Bekundung seiner Weisheit im Tempel an, von der Johannes im siebten und achten Kapitel seines Evangeliums spricht.

Das ist nicht die Weisheit, die man durch ein Studium erwirbt: „Wie kann der die Schrift verstehen, ohne dafür ausgebildet zu sein?" (Joh 7,15), sondern die Weisheit, die er vom Vater hat: „Meine Lehre stammt nicht von mir, sondern von dem, der mich gesandt hat" (Joh 7,16).

Jesus offenbart hier seine Weisheit und greift so auf sein öffentliches Leben, seine Lehrtätigkeit und das Wort vor, das von oben kommt und durch seine Neuheit verblüfft.

Wir fragen uns: wie werden wir uns diese Fragen und dieses Verständnis wohl vorzustellen haben? Die Rabbinen gingen, wie wir wissen, kasuistisch vor: ich glaube, die Fragen Jesu haben wohl einigen von denen geglichen, die er später in seinem Leben stellen wird, und die den Vorzug der Einfachheit und Klarheit und die Durchschlagskraft des Selbstverständlichen besitzen. Jesus hat die „σύνεσιρ?", den Blick, der bis auf den Grund der Dinge dringt.

Interessant ist, daß er zunächst einmal zuhört: er tritt also ganz bescheiden auf und stellt dann Fragen, sobald er den schwachen Punkt der herkömmlichen, abgedroschenen Antworten entdeckt. Das ist das Geheimnis, das seine Predigt so fesselnd machen wird.

Wir sind heute in unserer religiösen, geistlichen und theologischen Bildung von einer Gefahr bedroht: es gibt zu viele Bücher, und wir denken immer weniger! Jedem neuen Buch legt man sogar ein anderes, wenn nicht gar zwei oder drei andere zugrunde.

Manchmal frage ich mich, ob wir Bischöfe nicht zu viele Verlautbarungen schreiben, die man dann auch immer noch berücksichtigen muß. Es fällt uns nicht schwer, etwas Neues zu sagen, aber es fällt uns schwer, die früheren Verlautbarungen berücksichtigen zu müssen!

Vom Zweiten Vatikanischen Konzil bis heute ist die Flut der Neuerscheinungen so angewachsen, daß wir fast darin ertrinken. Sie hindert uns daran, selbst zu betrachten und uns in das Wort Gottes zu versenken. Zu Recht beschweren sich die Priester oft bei mir, sie wüßten nicht, woher sie die Zeit nehmen sollten, die Enzykliken, die päpstlichen Exhorten, die Hirtenbriefe, die Verlautbarungen, die Arbeitshilfen usw. zu lesen. Ich gebe ihnen dann normalerweise den Rat, sich auf das zu beschränken, was dem Fortschritt im geistlichen Leben oder der Seelsorge am dienlichsten ist. Wir müssen die Hörigkeit der Bücher abschütteln, statt dessen aber die Augen auf Jesus am Kreuz richten und uns in seinen Anblick versenken, um so unsere eigene Spiritualität zu beleben, die von allem profitiert, was wirklich hilfreich und anregend ist.

Damit möchte ich natürlich diejenigen nicht abschrecken, die Arbeitshilfen produzieren, noch auch die Bischöfe auffordern, keine Hirtenbriefe mehr zu schreiben: ich möchte aber daran erinnern, daß Jesus einen Verstand besaß, der zuhörte und Fragen stellte, wobei er sich vor allem auf seine eigene Kenntnis vom Vater stützte. Das ist es, worauf es ankommt. Wenn es uns nicht gelingt, alle Bücher zu einem bestimmten Thema zu zitieren, gibt der Herr uns zweifellos das Licht, um dem auf den Grund zu gehen, was wir sagen müssen.

„Als seine Eltern ihn sahen, waren sie sehr betroffen,

und seine Mutter sagte zu ihm: Kind, wie konntest du uns das antun? Dein Vater und ich haben dich voll Angst gesucht."

Das ist kein Tadel, aber es sind ziemlich drastische Worte, als wollten sie sagen: Da kommen wir nicht mehr mit. Und „voll Angst" ist sehr drastisch ausgedrückt: griechisch heißt es „ὀδυνώμενοι", eine Vokabel, die bei Lukas noch einmal vorkommt (16,24), wo vom reichen Prasser die Rede ist, der aus den Flammen aufschreit: „Ich leide Feuerqualen!" Sie besagt zermürbende innere Qualen. Das Wort findet auch in der Apostelgeschichte Verwendung, als Paulus in Milet den Ältesten von Ephesus mitteilt, er reise nun nach Jerusalem und werde sie nicht mehr sehen, und durchblicken läßt, daß er sterben werde: „Und alle brachen in lautes Weinen aus ... am meisten *schmerzte* sie sein Wort, sie würden ihn nicht mehr von Angesicht sehen" (Apg 20,37f).

Doch die Antwort Jesu entspricht nicht der Aufregung, aus der die Frage kommt. Und das ist noch mehr als rätselhaft. Jesus hätte antworten können: Ja, ich kann euch verstehen, es tut mir leid, aber ich mußte es tun, ihr hättet darauf kommen können.

Statt dessen sagt er ziemlich brüsk:

„*Warum habt ihr mich gesucht? Wußtet ihr nicht, daß ich mich mit den Angelegenheiten meines Vaters abgeben muß?*" A. Feuillet zufolge, der ein Exeget von Rang ist, müßte man besser übersetzen: „Da er sich in Jerusalem im Tempel befand, der ein Symbol des himmlischen Hauses des Vaters und damit auch Symbol der eigentlichen Wohnstatt des Gottessohnes ist, erklärt Jesus Maria und Josef, die sprachlos sind: ‚Wußtet ihr nicht, daß ich im Haus meines Vaters sein muß?' Bedenken sind da fehl am Platz: ... diese

Stelle ist von allen griechischen Vätern ohne Ausnahme, von Origenes bis zum heiligen Johannes von Damaskus, so aufgefaßt worden und von allen lateinischen Vätern bis ins 12. Jahrhundert ... Und diese geheimnisvollen Worte Jesu haben zweierlei Bedeutung. Die nächstliegende ist, wie M.-J. Lagrange sagt: ‚Jesus antwortet mit einem Lächeln, es wäre doch wohl zu erwarten gewesen, daß man ihn im Hause seines Vaters finden könne.' Aber man spürt intuitiv eine noch tiefere Bedeutung, einen versteckten Hinweis auf die Rückkehr Jesu in das Haus des Vaters, von der im Johannesevangelium so oft die Rede ist. Und die Formel: „es gehört sich, daß ..., ich muß ..., es ist notwendig, daß" ich in dem bin, was meines Vaters ist, ist ein Schlüssel zum Doppelgeheimnis des Leidens und der Auferstehung, durch die Jesus zum Vater zurückkehren wird" (A. Feuillet, Jesus et sa Mère – Jesus und seine Mutter, Paris 1974, 73f). Dieses Wort bezieht sich also *vor allem auf das ontologische Geheimnis Jesu:* ich bin beim Vater, ich bin im Vater, ich muß im Hause meines Vaters sein. Bis zu diesem Augenblick hatte er das nicht gesagt, und wenn es auch in der Verkündigung des Engels an Maria erwähnt worden war, so war das doch ohne Folgen geblieben. Hier aber gibt er es mit äußerstem Nachdruck zur Kenntnis. Uns wäre es lieber gewesen, Jesus hätte seine Eltern darauf vorbereitet, was in Jerusalem passieren würde; denn für uns ist es immer schwierig, hinzunehmen, wie Jesus, der freier Wille und freie Person ist, mit uns verfährt.

Sodann deutet die Antwort Jesu das Geheimnis der Erlösung an: muß, es ist notwendig. Dieses Wort werden wir am Ende des Lukas-Evangeliums wiederfinden, wo es sein Ostergeheimnis zum Ausdruck bringt:

„Mußte nicht der Messias all das erleiden, um so in seine Herrlichkeit zu gelangen?" (24,26).

„Doch sie verstanden nicht, was er damit sagen wollte." Angesichts der so unverblümten Enthüllung des Geheimnisses und seiner Folgen begreifen Maria und Josef nichts. Ihr Weg geht noch weiter. Die Offenheit, mit der der Evangelist sich ausdrückt, macht uns fast sprachlos.

„Sie verstanden nicht", lautet das Wort, dessen Lukas sich zur Schilderung der Ratlosigkeit der Apostel Jesus gegenüber bedient, der ihnen erklärt, daß der Menschensohn leiden müsse: „Aber sie verstanden das nicht" (Lk 9,45); „Doch sie verstanden das alles nicht" (Lk 18,34).

Das zeigt, wie wir angesichts des Geheimnisses des Todes und der Auferstehung Jesu nach Halt suchen. Maria und Josef haben, wenn auch ergeben, demütig und willig, schon vor uns den Schock des Unbegreiflichen erlitten.

„Maria, wie oft bleibt uns etwas unbegreiflich! Laß die Demut und die Duldsamkeit, mit der du das Unbegreifliche ertragen hast, unserer Unduldsamkeit, unserem Stolz und hier und da auch unserem Hochmut zu Hilfe kommen, wenn wir etwas nicht begreifen. Heile mit deiner Sanftmut und Beharrlichkeit und mit deinem geduldigen Schweigen das Aufbegehren, mit dem wir oft unser Leben, das Leben der Ordensgemeinschaften und das Leben der Kirche betrachten. Laß uns dein „Ja" mitsprechen, das auch im schmerzlichsten Dunkel und im Leid des Nichtbegreifens bis hin zum Kreuz und zur Auferstehung ein Ja bleibt."

Der Auferstehung entgegen

Maria Magdalena (Joh 20,11–18)

Mit der Fürsprache Maria Magdalenas wollen wir den Zugang zum Schmerz und zur Freude Mariä erbitten, den Zugang zu diesem Schmerz und zu dieser Freude, wie sie im Leib und im Leben der Kirche ihren Ausdruck finden:

„Bitte jetzt für uns, o Gottesmutter Maria, laß uns mit dir leiden und mit dir Gott preisen, laß uns deinen Schmerz und deinen Jubel mit dir teilen, laß in unseren Herzen auch nach diesen Tagen das Geheimnis deiner Gegenwart unter dem Kreuz noch lebendig bleiben."

Wir haben uns in unseren Betrachtungen immer die Szene vergegenwärtigt, in der Maria unter dem Kreuz steht, ohne sie jedoch zu ihrem Gegenstand zu machen. Ich möchte es auch lieber jedem Einzelnen anheimstellen, sich in dieses so von Liebe und Schmerz erfüllte Geheimnis zu versenken.

Gemeinsam wollen wir dagegen ein letztes Bild aus dem Evangelium betrachten, die Erscheinung des Auferstandenen vor Maria aus Magdala:

„Maria aber stand draußen vor dem Grab und weinte. Während sie weinte, beugte sie sich in die Grabkammer hinein. Da sah sie zwei Engel in weißen Gewändern sitzen, den einen dort, wo der Kopf, den anderen dort, wo die Füße des Leichnams Jesu gelegen hatten. Die Engel sagten zu ihr: Frau, warum weinst du? Sie antwortete ihnen: Man hat meinen Herrn weggenommen, und ich weiß nicht, wohin man ihn gelegt hat. Als sie das gesagt hatte, wandte sie sich um und sah Jesus dastehen, wußte aber nicht, daß es Jesus war. Jesus sagte zu ihr: Frau, warum weinst du? Wen suchst du? Sie meinte, es sei der Gärtner, und sagte zu ihm: Herr, wenn du ihn weggebracht hast, sag mir, wohin du ihn gelegt hast. Dann will ich ihn holen. Jesus sagte zu ihr: Maria! Da wandte sie sich ihm zu und sagte auf hebräisch zu ihm: Rabbuni!, das heißt: Meister. Jesus sagte zu ihr: Halte mich nicht fest; denn ich bin noch nicht zum Vater hinaufgegangen. Geh aber zu meinen Brüdern, und sag ihnen: Ich gehe hinauf zu meinem Vater und zu eurem Vater, zu meinem Gott und zu eurem Gott. Maria von Magdala ging zu den Jüngern und verkündete ihnen: Ich habe den Herrn gesehen. Und sie richtete aus, was er ihr gesagt hatte" (Joh 20, 11–18).

Maria sucht Jesus

Die an Anspielungen und Symbolen überreiche Perikope beginnt mit den Worten: *„Maria aber"*, d. h. im Gegensatz zu Simon Petrus und Johannes, die das leere Grab gesehen, begriffen und versucht haben, daraus ihre Schlüsse zu ziehen, und dann nach Hause gegangen sind. Maria nicht. Damit ist diese Frauengestalt charakterisiert, die einfach „Maria" heißt. Zu Beginn des Kapitels war der volle Name angegeben: Maria aus Magdala. Wenn sie jetzt nur Maria heißt, werden hinter ihr andere Frauengestalten sichtbar, und wir entdecken an ihr einige Züge, die an Maria von Betanien und auch an Maria von Nazaret denken lassen.

„Sie stand draußen." Dieses Verb im Imperfekt läßt aufmerken und weckt die Vorstellung, daß sie unbeweglich, wie festgewurzelt, dasteht und sich nicht regen kann. Offenbar hat eine starke Gemütsbewegung sie überkommen und hält sie fest. Petrus und Johannes waren in das Grab gegangen, sie aber bleibt ein wenig außerhalb des Geheimnisses, und auch das hat seine Bedeutung.

„Vor dem Grab und weinte." Viermal wird in der Perikope erwähnt, daß Maria weinte: „sie stand da und weinte"; „während sie weinte"; „Frau, warum weinst du?" sagen die Engel, und Jesus wiederholt es. – Der Evangelist wiederholt das Verb viermal, weil er uns zum Nachdenken anregen will.

Wir können somit an die Tränen anderer Menschen denken, von denen uns die Evangelien berichten, z. B. an das Weinen der Witwe von Nain oder das Weinen Marias am Grab ihres Bruders Lazarus, das bei Jesus Erschütterung auslöst. Bei dieser Begebenheit konnte Jesus seine eigene Bewegung beherrschen, bis er Maria weinen sieht: das erschüttert ihn so, daß auch er in Tränen ausbrach.

Das Weinen ist eine Mitteilungsweise ganz eigener Art und packt uns, wenn die logische und emotionale Entwicklung der Verhältnisse unserem Griff entgleitet. Schon wenn man jemand weinen sieht, sagt das denen, die dabei sind, sehr viel: es gibt sogar eine regelrechte Kunst des Weinens, die, im rechten Augenblick praktiziert, auch ganze Gruppen von Menschen zu Tränen rührt.

Das Weinen sagt nichts und ist dabei sehr vielsagend. Wenn wir jemand vor uns haben, der auf einmal in Tränen ausbricht, packt uns entweder dieselbe Rührung und wir weinen mit, oder wir geraten, wenn wir keine Antenne dafür besitzen, in Verlegenheit. Jedenfalls läßt uns das Weinen keine Ruhe.

Wir denken auch an das Weinen Jesu beim Anblick von Jerusalem: es ist in gewisser Hinsicht die rätselhafteste Begebenheit im Leben Jesu. Jesus weint, obgleich nichts geschehen ist: er weint vor heftiger Bewegung, die in ihm hervorgerufen wird durch den Kontrast zwischen dem, was er sieht – und das hat den Anschein von Frieden, Ruhe und Geborgenheit –, und dem, was geschehen wird. Es ist ein Weinen, das die Verhältnisse und das Leben in ihrer Dramatik bis auf den Grund durchschaut.

Wenn wir weiter ausholen, können wir feststellen, daß das Weinen immer wieder bei religiösen Ereignissen eine Rolle spielt, von denen manche vielleicht erfunden sind: denken wir nur an die Tränen der Muttergottes und an die im Laufe der Jahrhunderte und auch in unseren Tagen von einigen Bildwerken vergossenen Tränen.

All das beweist, wie schöpferisch und phantasieanregend das Weinen wirkt.

Warum weint Maria Magdalena? Einerseits sagt sie es selbst den Engeln: „Man hat meinen Herrn weggenommen, und ich weiß nicht, wohin man ihn gelegt hat." Ihr Weinen hat seinen Grund also in etwas, das wir als Zugehörigkeitsgefühl bezeichnet haben, das Durchdrungensein von dem Gefühl, auf jemand bezogen zu sein, der auf einmal nicht mehr da ist. Diese Frau hatte eine dramatische Bekehrung durchgemacht; zum ersten Mal in ihrem Leben war sie einem Menschen begegnet, der sie durch und durch verstanden, der Vertrauen zu ihr gehabt, ihr zur Identitätsfindung verholfen und ihr ihre Würde zurückgegeben hatte. All das hatte bei ihr das Gefühl der Zugehörigkeit zu Christus entstehen lassen, die Beziehung, in der sie ihren Lebenssinn sah.

Jetzt glaubt sie, daß das für sie vorbei ist, und sie hat das Gefühl, zusammenzubrechen. Es ist der Zusammenbruch des Fundamentes, auf dem sie ihre Personwürde aufgebaut hatte, und auch der Zusammenbruch der aufrichtigen und selbstlosen Liebe, die sie Jesus entgegenbrachte.

Ihre tiefe Erschütterung ist also nur zu begreiflich. Wir stellen fest, daß nur sie es ist, die hier weint: es heißt nicht, Petrus und Johannes hätten geweint, vielleicht weil zu diesem Zeitpunkt ihr Erleben nicht dieselbe Intensität besaß. Es wird jedoch vom Weinen des Petrus am Tag der Passion berichtet, weil das der Augenblick war, in dem Petrus den Abgrund zwischen der Liebe seines Herrn und seiner Unwürdigkeit entdeckte.

Das Weinen Marias von Magdala hat wie das des Petrus während der Passion seinen Grund in der Entdeckung eines Sachverhaltes, es ist ein heilsames Weinen und drückt aus, was man mit Worten nicht zum Ausdruck bringen kann. Nicht von ungefähr haben die großen Heiligen dieses gnadenhafte Weinen an sich erfahren, und die Mystik spricht von einem Weinen, das eine „Gabe" ist: die Gabe der Tränen.

Der heilige Karl Borromäus wird häufig dargestellt, wie er vor dem Kruzifix weint. Der heilige Ignatius von Loyola vermerkt fast täglich in seinem geistlichen Tagebuch: Tränen, Tränen, Tränen bei der Messe, Tränen bei der Danksagung. Das sind Gnaden starker religiöser Bewegung im Angesicht der Wahrheit und der erschütternden Verhältnisse, die zwischen den verschiedenen Aspekten der Wahrheit bestehen. Im Grunde liegt das Weinen Marias von Magdala hier ein wenig auf der Linie des Weines von Kana: es ist das unerläßliche „Mehr", das die volle gefühlsmäßige Anteilnahme bekundet.

„Maria Magdalena, lehre uns, auch unsererseits mit dieser totalen Anteilnahme einzugehen in das Geheimnis Jesu, meines Herrn, meines Erlösers, meiner Gerechtigkeit, meiner Wahrheit, meiner Liebe, meines Bräutigams, meiner Erlösung, meines Heiles, meines Lichtes, meiner Ruhe und meines Friedens." Der heilige Ambrosius, der in seinen Werken häufig auf sein eigenes und auf das Weinen der Kirche zu sprechen kommt, hat sich gern mit ähnlichen Formulierungen an Christus gewandt.

„Sie beugte sich in die Grabkammer hinein. Da sah sie zwei Engel." Jede Einzelheit wird genau vermerkt. Zunächst steht Maria draußen, dann beugt sie sich vor und schließlich *sieht* sie. Was besagt diese Geste? Wir müssen uns alle damit abfinden, daß diese so minuziös vermerkten Einzelheiten, die Johannes in der Kontemplation aber als wichtig erkannt hat, uns nur bei längerem Beten eingehen.

Diese Frau beugt sich in das Grab hinein, sie hat also den Mut, dem Geheimnis des Todes, das sie schreckt, noch tiefer auf den Grund zu gehen. Soweit wir das dem Bericht entnehmen können, haben Petrus und Johannes sich nicht gefürchtet, hineinzugehen und nachzuschauen. Sie aber hatte nicht den Mut dazu aufbringen können und setzt erst jetzt ihr Gleichgewicht aufs Spiel. Sie wagt tatsächlich ihr Leben in Richtung auf das Geheimnis, das sie mit aller Kraft von sich wies und nicht gelten lassen wollte: den Tod ihres Herrn. Jetzt hingegen beginnt dieses Geheimnis ihr Leben zu erhellen, es zu erleuchten und in Licht zu hüllen. Daß sie sich vornüber beugt, ist für sie eine Furt des Glaubens: wenn sie in sich selbst verschlossen geblieben wäre, wäre ihr Weinen allmählich in Wut, Zorn und Groll gegen sich selbst und die andern übergegangen. Statt dessen beginnt der Mut, mit dem sie sich über das Grabesdunkel beugt, ihr zu zeigen, daß das Dunkel Licht, Partner und Leben enthält.

Wer sind die beiden Engel? Eine Schriftstellerin, die einen ausführlichen Johannes-Kommentar geschrieben hat, sieht in ihnen die Engel, die Jesus in seinem Erdenleben begleitet haben und sich jetzt der Frau zeigen, weil sie den Mut gehabt hat, in das Geheimnis des Todes ihres Herrn zu schauen. Jedenfalls sind die Engel ein erster Hinweis darauf, daß die negative Sicht des Leidens falsch ist, daß es zum Positiven hin offen ist, und daß Licht durch einen Spalt einfällt.

„Warum weinst du? Sie antwortete ihnen: Man hat meinen Herrn weggenommen, und ich weiß nicht, wohin man ihn gelegt hat." Die Wechselrede ist kurz und scheint die Frau auch nicht zu beruhigen, zumal sie nicht einmal die Antwort abwartet.

Allerlei Gedanken machen ihr noch zu schaffen, das Licht geht ihr erst allmählich auf.

Jesus gibt sich Maria zu erkennen

„Als sie das gesagt hatte, wandte sie sich um und sah Jesus dastehen, wußte aber nicht, daß es Jesus war." Sie liebte ihn innig, sie suchte ihn, aber die bange Erregung, mit der sie ihren Fall lösen will, der Wunsch, Jesus zu finden, machen es ihr unmöglich, zu sehen und zu begreifen, daß Jesus schon da ist.

Hierin liegt ein ganz wichtiger Zug, der, wie mir

scheint, in der Begebenheit mit den Emmaus-Jüngern seine Parallele hat. Erst wenn der Geist sich beruhigt hat, wenn die Verhältnisse sich haben klären können, wenn man die starre Haltung aufgegeben hat, in der man glaubt, das Heil sei nur auf eine ganz bestimmte Weise zu erreichen, erst dann entdeckt man, daß das Heil schon da ist.

Es liegt sogar ein Hauch von gütiger Ironie über der Beschreibung dieser Frau, die mit aller Gewalt Jesus haben will, die alles darum gäbe, wenigstens in den Besitz seiner Leiche zu kommen, und ihn nicht erkennt, als er vor ihr steht! Das erste Dämmern und das erste Aufblitzen hatten ihr nicht genügt, und sie besteht hartnäckig auf der Suche nach ihrem eigenen Konzept.

Und was tut Jesus? Er wiederholt die Frage der Engel: *„Frau, warum weinst du? Wen suchst du?“* Wie die Engel, fragt er ganz allgemein nach dem Grund ihres Weinens; dann wird er deutlicher und fragt nach der *Person,* die der Grund des Weinens ist: *„Wen suchst du?“*

Es ist interessant, die Frage Jesu, die hier gegen Ende des Evangeliums gestellt wird, mit der zu vergleichen, die er am Anfang des Evangeliums den beiden Jüngern gestellt hat: „*Was* sucht ihr?“, während er hier, als alles zu Ende geht, fragt: „*Wen* suchst du?“ Jesus unterstreicht, daß das Heil eine Person ist, und daß diese Person der Frau gegenübersteht.

„Jesus sagte zu ihr: Maria!“ Er hätte sich, wenn es nach uns gegangen wäre, auch anders vorstellen können: Warum zögerst du so, zu glauben? Ich bin auferstanden usw.

Jesus wählt das persönlichste und unmittelbarste Verfahren: die namentliche Anrede. An und für sich besagt sie nichts, denn „Maria!“ kann jeder sagen, und sie sagt weder etwas über die Auferstehung noch darüber, daß der Herr es ist, der sie anredet. Aber wir begreifen alle, ohne weiterer Erklärungen zu bedürfen, daß diese Anrede in diesem Augenblick, in dieser Situation, mit dieser Stimme und diesem Ton die persönlichste Art der Offenbarung darstellt, und daß sie nicht nur Jesus betrifft, sondern *Jesus in seiner Beziehung zu ihr.*

Er gibt sich zu erkennen als ihren Herrn, als den, den sie sucht. Es ist wirklich wunderbar, wie hier die Beziehung ins Persönliche erhoben wird, ein mehr als kühnes Bild für das ganze Gnadenleben: das Gnadenleben ist der Herr, der uns in unserem Herzen beim Namen nennt und ihn mit der Liebe des Gekreuzigten und Auferstandenen ausspricht, d. h. mit dem ganzen Gewicht seiner Erlösung.

„Herr, laß mich nicht taub sein für diesen Namen, den du in meinem Herzen aussprichst! Laß mich aus ihm die Fülle des Entzückens und alles heraushören, was er mir in Erinnerung rufen will!"

Maria reagiert denn auch selbst ganz personal: *„Meister!"*, eigentlich sogar *„Mein Meister!"* mit einem einzigen Wort ist alles ausgesprochen, was sie über sich, über ihre Liebe und ihre Ergebenheit sagen kann.

„Halte mich nicht fest." Jesus hilft ihr noch höher hinauf, denn Maria hat trotz ihrer gewaltigen Fortschritte das Geschehen noch nicht in seiner tiefsten Bedeutung erfaßt.

Es passiert auch uns im Leben oft, daß wir meinen, alles begriffen zu haben, und doch bleibt bis dahin noch ein weiter Weg. Maria von Magdala muß noch lernen, daß Christus zum Vater gehört, und daß sein Werk erst mit der vollen Rückkehr zum Vater ganz zum Abschluß kommt.

Ehre sei dem Vater

„Geh zu meinen Brüdern." Jetzt hat Maria begriffen, und sie wird so die erste Botin, die den Jüngern Gottes Heilsplan in seinen ganzen Umfang verkündet: die Vaterschaft Gottes, und daß die Menschen Christi Brüder sind, wie es sich aus der restlosen Verwirklichung des Heilsplans ergibt.

Das könnte so aussehen, als wäre es zuviel des Guten auf einmal.

Jesus weiß aber, daß Maria aus Magdala – und jede andere Frau, die diesen Weg geht – die ganze Fülle des Geheimnisses tragen und verkünden kann, wenn sie es auch nicht mit allen exegetischen Feinheiten zu erklären weiß. Sie kann das Geheimnis tragen und Verkünderin der Auferstehung Christi sein.

Sie sind die Frauen der Auferstehung, Sie haben diese Begegnung mit Christus gehabt und in dieser Begegnung die Botschaft der Freude, der Hoffnung und der Gewißheit empfangen, daß der Heilsplan Gottes in Erfüllung geht, und daß er schon unaufhaltsam seiner Erfüllung entgegengeht.

Jede von Ihnen muß als Zeugin dafür auftreten, daß sich hier die Geschichte zur Fülle Gottes hin geöffnet hat, und daß sie eine Botschaft erhalten hat, die bis zum Vater reicht: *„Ich gehe hinauf zu meinem Vater und zu eurem Vater, zu meinem Gott und zu eurem Gott."*

Unsere Betrachtungen schließen so mit dem Wort „Vater".

Wir haben viel über Maria von Nazaret, über die Frau, über ihre Kinder und über die Menschheit gesagt. Wir haben von Christus gesprochen. Alles steht im Zusammenhang mit dem Geheimnis des Vaters, von dem alles herabkommt und zu dem alles zurückkehrt. Das an den Vater gerichtete Lob ist das letzte, entscheidende Wort, das die ganze Heilsgeschichte zusammenfaßt, weil es den Dank aller in einem Hymnus der erlösten Menschheit vereint mit Maria in der Kraft und der Gnade des Heiligen Geistes durch Christus.

„Zu Gott, dem Vater des Erbarmens, dem Licht und dem Quell alles Guten, dem Herrn der Geschichte und des Alls, dem Ziel des ganzen menschlichen Lebens, erheben wir unseren Lobgesang. Dir, Vater, sei Lob in der Kirche und in der Welt, auf Erden und im Himmel. Loben soll dich Maria, die Mutter Jesu, loben sollen dich die Engel, loben die Throne und die Herrschaften, loben sollen dich die Heiligen, loben sollen dich unsere Verstorbenen und alle, die uns begegnen; denn wir alle können uns zusammenfinden in einem Danklied für die Fülle der Herrlichkeit, die dein Sohn uns vermittelt hat in der Gnade des Heiligen Geistes, der unsere Herzen lebendig macht. Amen."